运动专项的力量训练

基于动作模式分析、解剖学及运动损伤原理的运动表现提升方案

[法] 弗雷德里克·德拉威尔   迈克尔·甘地
（Frédéric Delavier）   （Michael Gundill）

申华明 译   张 建 审校

人 民 邮 电 出 版 社

北 京

图书在版编目（CIP）数据

运动专项的力量训练：基于动作模式分析、解剖学及运动损伤原理的运动表现提升方案 / （法）弗雷德里克·德拉威尔著；（法）迈克尔·甘地著；申华明译. -- 北京：人民邮电出版社，2021.5
ISBN 978-7-115-55739-1

Ⅰ. ①运… Ⅱ. ①弗… ②迈… ③申… Ⅲ. ①力量训练 Ⅳ. ①G808.14

中国版本图书馆CIP数据核字(2021)第001665号

版权声明

免责声明

本书内容旨在为大众提供有用的信息。所有材料（包括文本、图形和图像）仅供参考，不能替代医疗诊断、建议、治疗或来自专业人士的意见。所有读者在需要医疗或其他专业协助时，均应向专业的医疗保健机构或医生进行咨询。作者和出版商都已尽可能确保本书技术上的准确性以及合理性，并特别声明，不会承担由于使用本出版物中的材料而遭受的任何损伤所直接或间接产生的与个人或团体相关的一切责任、损失或风险。

内 容 提 要

本书堪称一本"独一无二"的力量训练百科全书，全书共为跑步运动、球类集体运动、高尔夫球和旋转运动、游泳和水上运动、球拍类和投掷类运动、自行车和公路运动、格斗运动 7 大类运动专项提供了准确、详尽且有针对性的力量训练指导，并针对每个运动类别的特点，提供了力量训练的经典练习动作。每一个练习动作都通过真人照片、肌肉解剖图，以及全面的训练提示（包括对运动员的益处、针对哪些运动、优势、劣势、安全注意事项等），帮助读者获得力量训练的最大益处。最后，本书还特别设计了针对不同运动项目的进阶训练计划，以便读者无论在进行哪些运动，或者锻炼水平如何，都能发挥出自己的全部潜力，获得最佳的运动表现。本书适合普通的运动爱好者，以及健身教练、体能教练阅读。

◆ 著　　　[法] 弗雷德里克·德拉威尔 （Frédéric Delavier）
　　　　　　迈克尔·甘地（Michael Gundill）

　　译　　　申华明

　　责任编辑　裴　倩

　　责任印制　周昇亮

◆ 人民邮电出版社出版发行　　北京市丰台区成寿寺路 11 号

　　邮编　100164　　电子邮件　315@ptpress.com.cn

　　网址　https://www.ptpress.com.cn

　　固安县铭成印刷有限公司印刷

◆ 开本：700×1000　1/16

　　印张：18　　　　　　　　　　2021 年 5 月第 1 版

　　字数：306 千字　　　　　　　2024 年 12 月河北第 6 次印刷

　　著作权合同登记号　图字：01-2019-7528 号

定价：148.00 元

读者服务热线：(010)81055296　印装质量热线：(010)81055316
反盗版热线：(010)81055315
广告经营许可证：京东市监广登字 20170147 号

目录

序言

讨论体育锻炼的书籍成千上万，本书为何与众不同？原因很简单，大部分体育锻炼书籍认为所有运动员都有着同样的身体结构和形态。虽然我们的身体构造大同小异，但不同的运动员的形态特征却大不相同。本书没有介绍那种"放之四海而皆准"的身体结构，而是着重讲解了不同个体之间的身体差异，进而阐述了这些差异导致的结果对运动成绩的影响，并提出了个性化的锻炼计划。

我们首先分析的是每种运动的冠军选手的身体形态特征，然后讲解了如何将自己的身体形态与优秀的运动员进行比较，思考二者之间的异同。从这些不同的身体结构和形态中，我们会有以下发现。

（1）每位运动员的身体结构对应特定的运动姿态。不同的动作使用的肌肉各不相同，因此我们必须了解身体形态是如何调动肌肉的。明白了每块肌肉在体育运动中发挥的作用之后，我们就要采用个性化、有针对性的锻炼计划来对其进行强化。

（2）每位运动员的身体都有优势与劣势。我们的锻炼主要针对身体的劣势。

（3）每位运动员都可能受伤，不同的身体情况和不同的运动姿态可能导致不同的伤情。

（4）每位运动员的病理特征各不相同。例如，一些人背部容易疼痛，一些人的膝关节比较薄弱等。因此，每个人的情形都需要具体问题具体分析，对症下药。在制订锻炼计划时，应当根据其各自的受伤风险有的放矢。

无处不在的锻炼

对运动员而言，锻炼不仅仅是为了让自己更强壮。某些锻炼项目完全可以用来热身，以增强随后的体育训练的爆发力和耐力，同时将受伤风险降至最低。因此，这些项目可以在传统的热身运动之前进行，让那些常被忽视的身体敏感部位为运动做好准备。

训练结束之后，运动员回到家中，应当用其他动作来促进身体恢复，加速肌肉、肌腱和韧带等组织的复原，以便尽快投入新的训练，降低受伤风险。

丰富多样的动作

为了让运动员在训练场馆和家中均可锻炼，书中的每项练习都配有各种各样的变型动作。能够在设备齐全的训练场馆锻炼最好不过，但许多热身和恢复动作只需要一条毛毯和一条普通的弹力带即可。在场馆中使用专业器材锻炼不容忽视，但它带来的益处只是锻炼结果的一小部分。热身、恢复和强化这三种形式的不同之处在于锻炼的强度和训练。

预备性锻炼

我们在书中同样讨论了预备性锻炼，因为许多运动员同时对多种运动感兴趣，尤其是某些季节性运动，如滑雪或冲浪。在这种情况下，运动员必须事先做好预备性锻炼，充分利用训练时间，减少最初几天的酸痛和不适，让身体尽快进入最佳状态。

针对教练的指南

本书的受众也包括各种体育项目的运动教练，他们的训练，无论是强化技巧的选择，还是锻炼动作本身都受到了健身的启发。然而，虽然健身和体育锻炼有相似之处，二者之间的不同之处和特定情形也必须充分考虑到，我们在书中会提到这一点。

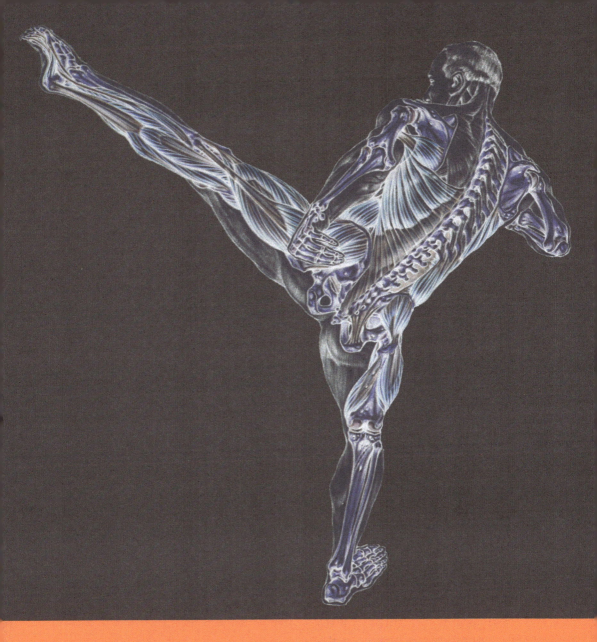

不同运动力量训练的
基本原理

第1章　跑步运动

锻炼大腿，跑得更快

跑步是许多运动的基础。考虑到它的重要性，我们将其作为本书的第1部分内容来着重讲解。首先我们要思考的问题是，力量训练如何帮助运动员跑得更快？下一个问题范围更广：力量训练如何提高体育成绩，并增强力量、爆发力和耐力？

力量训练不仅能够提高速度，还能够减少各种运动的受伤风险。如果你已经受到疼痛折磨，那么这些疼痛的位置就是找到伤病源头的关键。身体太过薄弱的部位无法承受过多的压力，它们也因此成为恢复和强化锻炼所针对的重点。

想要知道哪些肌肉是优先考虑的目标，我们必须了解自己的跑步方式，因为不同的人在跑步时使用肌肉的方式不同，这和人们的普遍想法刚好相反。观察一下自己的肌肉形状，我们就可以确定自己的跑步方式，这是制订个性化训练计划的第一步。

力量训练是否可以忽略

理论上讲，想要提高跑步成绩，必须多跑。但研究表明，增强大腿肌肉的力量与提高跑步速度有直接关系[1]。对跑步者使用最频繁的肌肉进行针对性训练，能够减少锻炼时间，提升锻炼效果。下文会详细介绍这些肌肉。在训练过程中，优先锻炼的应该是身体中最薄弱的肌群。例如，如果你跑步时抬腿力度不够，训练计划就应当侧重髋部的屈肌；如果你跑步时身体不够稳定，就应当重点锻炼髋部和骨盆的固定肌。

力量训练对跑步训练量有何影响

是否应当减少跑步时间，多花些时间来锻炼肌肉？同样多的时间只用来进行跑步训练是否更有利？是否应当把力量训练加入现行的训练计划中？

每种策略都有利也有弊，运动员应当根据自身情况，仔细思考，权衡利弊。

■ 增加训练量的好处

✪ 这是最简单的策略。运动员无须烦恼应当删减哪些训练内容，因为这很难抉择。

✪ 增加力量训练是运动员突破训练瓶颈、实现进步的方式。

■ 保持训练量不变的好处

✪ 身体更容易恢复。

✪ 适合训练时间不足的人。

✪ 减少跑步量，减少磨损受伤风险。

✪ 在比赛淡季，减少跑步时间比较容易实现，此时可以通过力量训练获得更长久的进步，每周进行一次力量训练即可。在比赛季，力量训练的时间可以减少，跑步锻炼的时间相应增加。

无论是哪种选择，我们都建议你根据自己的生理需求和身体形态，选择最适合、最有效的训练计划和动作。这可以减少你的力量训练的时间，获得最佳的训练效果。

力量训练如何提高速度

力量训练能提高跑步速度，这再明显不过，但采用什么方法才能达到目标？我们可以发现力量训练能够带来六大好处，它们彼此不同但互补。

1. 力量训练能够让肌肉对酸痛免疫

肌肉酸痛需要较长时间才会消失，与此同时，它会对运动成绩造成极为不利的影响。刚开始锻炼时，最先出现的结果就是肌肉酸痛。经过多次锻炼之后，酸痛会逐渐减轻，肌肉获得免疫特性。这种针对酸痛的免疫很快就会出现，此时锻炼甚至还没有让肌肉或神经系统产生变化[2]。

对运动员而言，如果他从事的运动会让肌肉产生酸痛，减缓身体的恢复进程，那么力量训练能够同时减小酸痛的影响和程度、缩短两次训练之间的恢复期，让运动员尽快投入新的训练中[3]。如果运动员从事的是滑雪或冲浪这种季节性运动，这种免疫就更为重要。力量训练可以随时随地进行，包括在自己家中。

2.力量训练能够预防运动损伤

力量训练的首要目的是强化身体。例如，运动员定期进行力量训练能够将其各自领域内的受伤概率减少30%~50%。相比之下，只进行牵拉不会有任何预防效果[4]。

预防运动损伤可以通过下列的各种策略来实现。

■ 强化各个薄弱部位

每块肌肉内部都有一个相对薄弱的区域，即肌肉和肌腱的联合部。这个薄弱的区域最容易受损，甚至撕裂[6]。研究表明，力量训练能够更有针对性地强化这一区域。因此，如果你的腘绳肌容易拉伤，可以制订一项专门针对这种情况的力量训练计划。

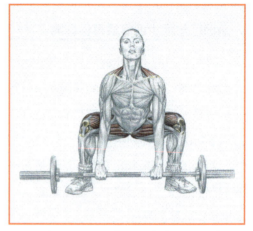

▲医生发现，在经验丰富的跨栏运动员群体中，运动员越擅长提起大负重，越能在不受伤的情况下承受高强度的跑步训练。相反，肌肉力量较弱的运动员更有可能受伤[5]。

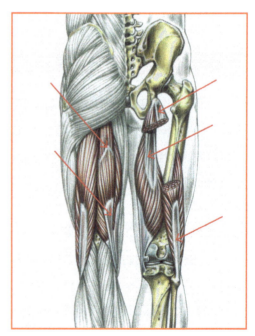

▲腘绳肌的肌肉和肌腱的联合部数量多、分布广，这也是这些肌肉容易拉伤的原因。

■ 力量的再平衡

力量训练同样可以用来纠正四肢左右两侧力量失衡的问题[7]。哪怕在高水平运动员群体中，力量失衡的问题也频频出现，导致运动员受伤，但它也比较容易矫正。此外，跑步这种运动往往会加剧力量失衡，所以重新调整拮抗肌（如股四头肌与腘绳肌）的力量平衡非常重要。另外一种导致体育成绩下降的原因是肌肉向心力量（肌肉收缩时的张力）和离心力量（肌肉伸展时的张力）不均衡[8]。当肌肉被用力牵拉时（如投掷类运动员在投掷之前时，手臂牵拉胸肌），若完成动作带来的压力过大，速度过快，则肌肉会受伤。

当人们久坐不动时，被拉伸的肌肉的收缩会受到限制。力量训练能够消除这种限制，让肌肉的向心力量和离心力量再度达到平衡状态，提高运动成绩，减少受伤风险[9]。

■ 力量训练让跑步更轻松

专家让运动员进行了为期48周、每周一次的力量训练，强化跑步时较少用到的肌肉，这种锻炼比跑步本身更能够提升耐力型运动员的跑步技巧[10]。力量训练有助于强化髋部和膝部的肌肉，显著减少跑步造成的典型伤害[10]。同样，肌肉的耐力增强之后，过度磨损导致的身体损伤程度会降低[11]。

受伤不仅会带来生理疼痛

受伤会阻碍训练，与其他人相比，运动员更容易因受伤而抑郁[12]。因此，对运动员而言，受伤不仅会带来生理疼痛，它也常常带来精神痛苦，严重影响生活质量。受伤程度越高，抑郁的风险也越大[13]。因此，对运动员来说，预防受伤是重中之重。

3. 力量训练能够提高力量的生成率

在跑步过程中，脚和地面的接触时间很短。因此必须在这极为短暂的时间段内，让力量迅速传递，这取决于肌肉力量的生成率（Rate of Force Development，RFD）。脚和地面的接触时间太短，肌肉没有足够的时间全力以赴，只能释放出最大力量的一部分。为了提高跑步速度，运动员必须提高肌肉的整体力量及其在肌肉内部的传导速度，力量训练能够实现这一点。

■ 了解力量的生成率

运动员在冲刺时，脚与地面的接触时间不足百分之一秒，然而，肌肉平均需要600~900毫秒的时间才能释放最大力量。久坐不动之人的肌肉能够在50毫秒内释放15%的力量，优秀的运动员能达到26%。产生这种差别的原因在于力量传导的速度，冠军运动员肌肉力量的传导速度是普通人的两倍。这种身体素质在很大程度上取决于神经系统（基因），但锻炼，尤其是力量训练，能够提高身体素质。

如果你每迈出一步，只能释放15%的力量，那么提高肌肉力量的上限能够让你的力量更有效地释放。肌肉力量的上限从50千克提高到100千克后，即便力量传导速度不快，你的步伐力度也将增加1倍。当然，最理想的情况是同时增强力量和提高力量的生成率。对初级运动员而言，14周的力量训练（每次3~10组练习）能够将50毫秒内的力量的生成率提高23%，接下来的100~200毫秒的力量的生成率提高17%，肌肉力量上限提高16%[14]。

■ 力量训练和实地训练的协同作用

冲刺和跑步的关键是和地面的接触，因此触地时间越短越好。跑步者的肌肉必须能够在触地之前收缩，这可以增强肌肉和肌腱整体的硬度。提前收缩的肌肉在触地时释放力量的比例会有所增加。冲刺训练和弹跳增强式训练（如高抬腿）比力量训练更能够培养这种肌肉能力，但是与实地训练相比，力量训练更能增强肌肉力量，

因此这些训练类型是互补的。

4. 力量训练能够提高本体感受

定期进行力量训练的同时，大脑在神经系统的帮助下，能够更好地控制肌肉。这也是为什么我们刚开始锻炼时，常常感觉手忙脚乱，不成章法，但这种情况会随着锻炼的持续而好转。我们最初也无法准确感受被锻炼的部位，但随着锻炼的深入，我们可以越来越清晰地感觉到被锻炼的肌肉。这种不断提高的肌肉控制力被称为"本体感受"。

研究表明，本体感受越弱，运动员的动作效果就越差，受伤的风险越高。身体无法准确评估运动中的肌肉姿态，因此肢体有可能处于比较危险的姿势，这不仅无法提高运动成绩，还可能导致伤痛。同样，大脑为肌肉下达的指令也不太准确，它无法准确估测特定情境中肌肉所需要释放的力量。

对运动的了解和学习逐渐深入，本体感受也会随之提高，但如果同时辅以力量训练，本体感受的提高速度会更快。

我们必须了解的是，受伤会在很大程度上降低本体感受，这就是肌肉和肌腱伤病不断复发的原因[15]。研究表明，第一次受伤如同第一张多米诺骨牌，其他伤痛很可能随之而至[16]。例如，一侧膝盖受伤后，另一侧膝盖的受伤风险将大大增加[17]。因此我们必须以力量训练为武器，打破这个恶性循环。

5.力量训练可以增强耐力

距离更远的长跑或中长跑同样涉及每迈出一步所消耗的能量。该能量消耗越少，运动员坚持的时间越长，速度越快。这是力量训练能够改善的第5个方面，具体表现为耐力的增强（参见下页"了解跑步效率"）。

■ 跑步效率

回顾历史，莱纳·帕沃莱宁在1999年的研究证明了力量训练为耐力型跑步运动员带来的益处[18]。在此之前，人们一致认为耐力训练和力量训练的结合会带来各种不便，因为耐力训练不利于力量的获得，力量训练会削弱经验丰富的运动员的耐力。若高水平的运动员在数年间只进行高强度的耐力训练，他们的潜力会达到极限。帕沃莱宁指出，运动员的生理限制是耐力陷入瓶颈的原因，他们达到一定程度之后，无法继续提高跑步效率，但力量训练或许能够突破这些限制。为了证明这一假设，她对一些高水平的跑步运动员进行了试验。在比赛淡季的9周时间里，某些运动员减少了32%的跑步训练量，取而代之的是力量训练[18]。9周之后，进行力量训练的运动员跑完5 000米所需的时间减少了3.1%，只进行跑步训练的运动员的成绩有所下滑。在力量训练的辅助下，跑步效率提高了8%左右。

各种研究表明，依据力量训练类型、持续时间以及运动员对增加力量训练的反应程度的不同，跑步效率的提高比例为2%~8%[19]。例如，高水平的1 500~10 000米跑步运动员除了跑步训练之外，还参与了为期40周[20]、每周2次、每次1小时的力量训练计划。另一组运动员进行同样的跑步训练，但没有进行力量训练，以作对比。前20周的力量训练处于比赛淡季，后20周处于比赛季。

对比之后，我们可以发现，进行力量训练的跑步运动员的跑步效率提高了3.5%。力量训练的效果立竿见影，因为前20周内，运动员的跑步效率提高了4.8%。

进行力量训练的跑步运动员的跑步效率提高，力量增加（+19%）、弹性势能恢复加快（+14%）之后，前20周的最大摄氧量增加了3.5%，总40周的最大摄氧量增加4%。只进行跑步训练的参照组没

跑步运动员和汽车一样，需要消耗能量。人们会估算汽车行驶100千米所消耗的汽油量，科学家会针对运动员做出类似的估算，即在特定的时间和距离条件下，运动员所消耗的能量。

对初级运动员而言，最大摄氧量（VO_2max）是主要的耐力预测标准；对高水平运动员而言，耐力预测标准则是跑步效率。这是预测高水平耐力型跑步运动员成绩的第一要素。运动员的效率越高，成绩越好。与针对跑步的特定训练相比，力量训练的目标就是提高这个至关重要的反映耐力的参数。力量训练让肌肉和神经系统更加高效，进而让身体节约能量，最终提高跑步速度或延长跑步时间。

力量训练能够增强大腿和小腿的力量，让它们储存更多的弹性势能，增强步伐之间肌肉的恢复能力，节约能量。提高肌肉和肌腱的弹性能够提高速度，而且与真正的肌肉自主收缩相比，提高弹性能够节省更多能量。

力量训练能够让肌肉更加结实，增强触底反弹力。这和球的弹跳一样，如果球体充气不够、太疲软，它在触地时的扁平面积会增加，触地时间延长，反弹性变差。力量训练就像给球充气一样，球内有足够的气体，触地面积减少，触地时间缩短，反弹高度增加。大腿和小腿的肌肉和肌腱在锻炼之后更加紧实，反弹能力增强，可以节约能量，触地导致的摩擦也会减少。

有出现这种情况。

其他锻炼机制也能节约能量。例如，8周的大腿力量训练让肌肉释放70%的最大力量所必需的运动神经数量减少16%[21]，参与运动的肌纤维减少之后，耐力得到明显增强。因此，增加力量训练会增强耐力，而非减弱[22]。

6.以身体恢复为目标的力量训练能够缩短训练间隔

我们经常听说，运动员水平越高，需要的力量训练就越少，然而现实要复杂得多。力量训练不仅能增加肌肉的功率和增强肌肉的力量与耐力，而且有助于加快高强度锻炼后的身体恢复。力量训练能够促进肌肉、肌腱和关节的恢复进程，有利于这些部位的复原。

从身体复原的角度来看，运动员的水平越高，越应当增加恢复性力量训练的总量。然而，请务必牢记，增强力量或提高效率的力量训练和加快恢复的力量训练有很大不同，我们在本书最后一部分内容中将有具体介绍。运动员的水平越高，体力运动越剧烈（例如接近比赛水平），力量训练的总量应当有所减少。

结论

只进行运动训练容易忽视肌肉的某些特质，力量训练能够改善这些特质。无论是爆发型的冲刺短跑，还是耐力型的中长跑，或者介于二者之间、需要结合耐力与爆发力的所有运动，力量训练都可以提高相关比赛成绩[23]。

■ 长期好处

在比赛季，刚开始锻炼时，力量训练的惯性有一些好处，因为即便力量训练完全停止，力量训练的效果也可以持续数周。研究表明，6周的力量训练所取得的效果能够在训练停止后持续4周[24]。运动员重新开始比赛时，力量训练所增强的耐力至少可以持续5周[22]。

只要继续进行部分力量训练，肌肉所获得的改善就可以长期保持。如在比赛季，每周进行一次力量训练能够继续让肌肉力量提高7%，没有进行力量训练的运动员的肌肉力量则会减少8%。

如何保持力量训练的进度

做出预测总是一件棘手之事。虽然经历了最初的肌肉酸痛之后，每个人从力量训练中获得的益处各不相同，但这些益处很快就会体现在赛场上。即便对于高水平的运动员而言，力量训练也如同一个能够唤醒神经系统的强大闹钟。大脑能够快速调整神经连接，命令肌肉释放出与平时不同的收缩力，满足运动员的新需求。想要获得预防受伤的效果，运动员必须进行数周的力量训练，因为身体需要彻底重组构成肌肉和肌腱的组织。这个重组过程比神经系统的重组更加枯燥，而且最初的锻炼会让组织变得比较薄弱，随后才能使其得到强化。因此，初期的锻炼必须放慢速度，循序渐进，有时甚至需要在短时间内减少运动训练量。

力量训练涉及哪些肌肉

制订一项个性化的力量训练计划

　　根据个人的需求和薄弱环节制订的个性化力量训练计划的目的与普通的锻炼计划（即只以成绩水平作为参照标准的计划）不同。为了让锻炼计划与个人特征实现最佳匹配，我们必须了解自己从事的运动对身体和肌肉的要求，明确区分各种肌肉的作用，因为力量训练可以涉及跑步的三个阶段（即抬腿、脚落地、腿后蹬）。

我们跑步时使用的肌肉都一样吗

　　是的，我们跑步时使用的肌肉都一样，不同的运动员的区别在于每块肌肉的参与度。不同的肌肉参与度会影响力量训练计划的制订，因为个性化的锻炼计划必须反映出这种差异。

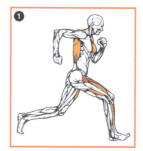

❶红色部位是剧烈收缩的肌肉（股直肌和阔筋膜张肌），产生向前抬腿的动力。橙色部位的肌肉是辅助发力的肌肉。

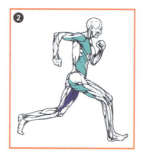

❷同样的姿态，蓝色部位的肌肉牵拉，储存最多的弹性势能。紫色部位的肌肉的牵拉度较小，储存的弹性势能较少。

❸橙色部位的肌肉收缩产生的力量得到释放，重力导致右脚回落。

❹同样的姿态，蓝色部位的肌肉储存了最多的弹性势能。紫色部位的肌肉的牵拉度较小，储存的弹性势能较少。

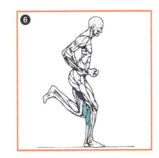

❺右脚触地，小腿肌肉、股四头肌和臀中肌（红色部位的肌肉）剧烈收缩。橙色部位的肌肉辅助红色部位发力的肌肉。

❻同样的姿态，蓝色部位的肌肉牵拉，储存最多的弹性势能。紫色部位的肌肉的牵拉度较小，储存的弹性势能较少。

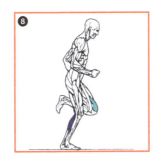

❼脚向后运动，股四头肌、腘绳肌和臀大肌（红色部位的肌肉）剧烈收缩。橙色部位的肌肉辅助红色部位发力的肌肉。

❽同样的姿态，蓝色部位的肌肉牵拉，储存最多的弹性势能。紫色部位的肌肉的牵拉度较小，储存的弹性势能较少。

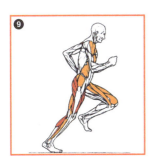
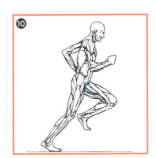

❾小腿肌肉、股四头肌和臀大肌（红色部位的肌肉）剧烈收缩，脚向后运动。橙色部位的肌肉辅助红色部位发力的肌肉。

❿同样的姿态，蓝色部位的肌肉牵拉，储存最多的弹性势能。

⓫红色部位的股直肌再次收缩，产生向前抬腿的主要动力。橙色部位的肌肉辅助红色部位发力的肌肉。

⓬同样的姿态，蓝色部位的肌肉牵拉，储存最多的弹性势能。

短跑冠军的大腿形态分析

优秀的短跑运动员通常有着发达的大腿肌肉和修长的胫骨，相比之下，他们的肌肉比较短，因为他们的肌腱可以延长至小腿、股四头肌、大腿内收肌，甚至腘绳肌部位（参见下图）。

这种身体结构的好处在于，它就像一个强大的杠杆。在跑步过程中，较长的肌腱能够更好地积累和释放弹性势能；较短的肌肉能够减轻四肢重量，使其摆动更加自如。短跑运动员的运动肌（包括臀肌、阔筋膜张肌和髂腰肌）也因此更靠近身体重心。

肌肉越长，大腿越沉，形成的杠杆越不利于产生爆发力。小腿越粗，抬腿阻力越大，运动速度也越慢。虽然这种身体构造让起跑爆发力更强，但在最初的几秒之后，肌肉的力量和较弱的弹性势能储存与释放能力会加速身体疲惫，较短的肌腱会导致短跑的最后阶段非常吃力。相反，较长的肌腱能够节约能量，因为跑步的过程中有更多的弹跳。

肌腱很长的冠军运动员（这种身体类型占多数）和肌腱很短的运动员（这种身体类型占少数）是两种极端情况，还有许

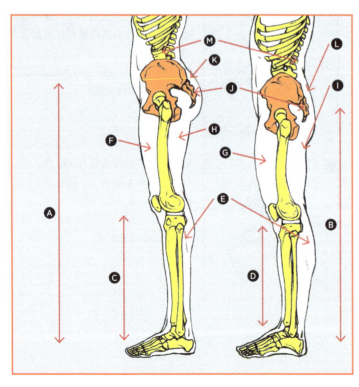

◀左边，短跑冠军的典型身体形态；右边，不利于跑步的身体形态。
Ⓐ 腿长。
Ⓑ 腿短。
Ⓒ 胫骨长。
Ⓓ 胫骨短。
Ⓔ 以"肌腱"为主的小腿（左）和以"肌肉"为主的小腿（右）。
Ⓕ 股四头肌和Ⓗ腘绳肌的"肌腱"较长。
Ⓖ 股四头肌和Ⓘ腘绳肌的"肌肉"较长。
Ⓙ 骨盆前倾较为严重（左）和骨盆位置正常（右）。
Ⓚ 臀肌更圆、更发达。
Ⓛ 臀肌扁平、不发达。
Ⓜ 虽然腰围相似，但由于骨盆前倾，左边的腰部弧度大于右边。

多运动员介于二者之间。

因此我们必须分析自己的每块肌肉，确定自己是以肌腱为主的类型，还是以肌肉为主的类型，因为这种区分能够影响跑步策略和力量训练的训练方法。

■ 跑步中的实践应用

运动肌的位置越高，肌腱越长，步伐可以迈得越大，从而提高速度。相反，如果运动员的肌肉较长，就不适合加大步伐，最好采用步伐较小但速度更快的方式，因为高频率的步伐无须将大腿抬得太高。

■ 力量训练中的实践应用

如果运动员的肌肉较短，可以增加锻炼组数，因为以肌腱为主的肌肉对锻炼有较强的耐受力。每组锻炼的时间可以缩短，但锻炼的组数可以增加，以提高起跑时的爆发力。即便如此，步伐也不会变得沉重。股骨越长，臀肌和腘绳肌所受的刺激越大，股四头肌所受刺激越小。

如果运动员的肌肉较长，尤其是小腿肌肉又长又重，锻炼的组数就应当减少，避免肌肉被过度训练，大腿也一样。靠近身体重心的肌肉（如股直肌和腰大肌，尤其是腰大肌）受的刺激较大，这不会导致步伐变沉。运动员在跑步时可以更多地依靠臀肌，减少对股四头肌的依赖。每组锻炼的时间可以加长，以增强肌肉的力量和耐力、延缓跑步最后阶段的疲劳的产生。

速度改变肌肉的使用情况

运动员跑步的速度同样会影响肌肉的使用情况。例如，科学数据表明，与3.5米/秒的速度相比，8.95米/秒的速度会导致臀肌的使用比例超过股四头肌[25]。这在很大程度上是因为步伐越大，臀肌和腘绳肌被牵拉的程度越大。因此，在确定每个肌群的重要性时，必须将跑步速度考虑在内。

上身的形态分析

在跑步时，手臂的作用不仅是保持固定的频率或身体的平衡[26]。它们也能为跑步运动员提供推动力，尤其是在起跑阶段。在团体运动中，手臂的作用更重要，如保护身体、推挡对手等。

手臂产生的推动力并非来自肱二头肌或肱三头肌，它主要来自肩部、胸部和背部，上身和髋部的转体也能够增加手臂的运动幅度（参见第20~21页示意图）。

依靠下身肌腱的短跑运动员的上身肌肉，尤其是手臂和肩部的肌肉较长，肌腱较短。这些运动员即便有着宽阔的肩部，胸部区域的运动也受限，他们的腹肌长而纤细。相反，依靠大腿肌肉的短跑运动员的上身肌肉较短，肌腱较长，腹肌更宽、更结实。

小腿形态对步伐的影响

■ 以肌腱为主的小腿与以肌肉为主的小腿

短跑运动员的小腿主要有两种。大部分短跑运动员的小腿细长，肌腱发达，肌肉较少，如尤赛恩·博尔特。他们擅长使用小腿弹跳，利用腘绳肌和臀肌的力量来加速。相反，少数短跑运动员的小腿较粗，肌肉发达，肌腱较短，如日本运动员桐生祥秀。他们主要依靠小腿和股四头肌的力量来奔跑。在短跑肌肉训练方面，这两种类型的运动员不应当采用同样的计划，因为他们的身体形态差异很大。

肌肉发达的小腿有利于爆发性的起跑，但肌肉的重量却会妨碍接下来的比赛，供氧也会受到影响。实际上，肌纤维越粗，氧气抵达线粒体［制造三磷酸腺苷（一种供能物质）的细胞器］的难度越大[27]。小腿太粗会导致抬腿困难，步伐变缓，触地更加沉重，如此一来，反弹力会增加，尤其是在跟腱比较强壮的条件下。

运动员的跟骨越短❶，脚踝的运动幅度和灵活度越大，但杠杆力越弱。因此必须增强肌纤维，弥补杠杆力的不足，让小腿在每一步都能够轻松抬起身体。肌腱较短❷，留给肌肉更多空间❸，有利于最大限度地增加肌纤维数量。跟骨越短，足弓的空间越大❹，胫骨前肌（小腿前方

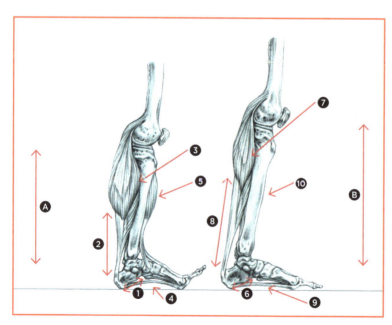

Ⓐ 短胫骨和长肌肉的组合不太利于跑步，因为肌肉体积太大。

Ⓑ 长胫骨和短肌肉的组合能够让运动员跑得更远、更久。

的肌肉）越长、越发达❺。跟骨越长❻，脚踝的运动幅度和灵活度越小，但杠杆力较强。小腿对肌纤维的依赖较少❼，肌腱也因此比较长❽。跟骨越长，足弓越扁平❾，胫骨前肌越短、越不发达❿。

■ 小腿肌腱的关键作用

运动员使用肌肉的力量进行加速，保持速度就要依靠自身的弹跳能力了。冠军运动员能够保持更快的速度，他们在脚触地时，都尽量不控制身体，尽可能缩短脚的触地时间[28]。虽然这么做似乎违背直觉，但研究表明，紧绷的跟腱和肌肉能够提高奔跑速度，减少脚的触地时间[29, 30, 31]。换言之，肌腱越紧绷，产生的弹性势能就可以让身体更快地触地反弹[32]。因此，运动员在硬地的速度快于沙地，但在沙地上奔跑所受的伤害更小。

此外，医学分析表明，小腿肌腱越长，运动员的跑步效率越高，所以耐力越强[33, 34]。的确如此，我们可以把小腿视为一根弹簧[35]。当然了，肌腱的长度是基因决定的，我们无法更改。然而，力量训练能够优化小腿的弹跳能力。对同等长度的弹簧（肌腱）而言，弹簧越结实，反弹性越好。力量训练能够让肌腱更结实、性能更好。

结实的肌腱更容易扭伤，可能是因为不小心迈错步子，也可能是不断累积的微小耗损所致。力量训练有助于强化肌腱组织，降低受伤风险。

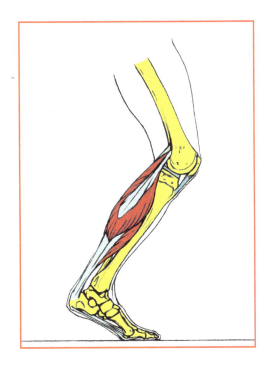

跑步过程中，小腿就像弹簧一样。▶

人体构造的不同对力量训练的影响

没有人愿意被定性为一个不太灵活的运动员，但不惜一切代价，利用牵拉练习来增加脚踝的灵活性似乎事与愿违。更何况，跟骨越长，跟腱越细长，小腿就越不适合牵拉。

由于肌腱的柔韧性远不如肌肉，那么依靠肌腱的小腿自然不如依靠肌肉的小腿灵活。肌腱天生柔韧性差，不适宜被过度牵拉。相反，跟骨越短，跟腱也越短，小腿就更加灵活，更适合被牵拉。这对自行车运动员而言是件好事，但对长跑运动员而言，却并非好消息。这些人体构造的不同会在很大程度上影响小腿力量训练动作的实施方式。

同样，在深蹲或腿举等传统腿部练习过程中，如果小腿不够灵活，身体下降幅度就不应太大。实际上，唯一能够弥补脚踝运动幅度不足的方法是增强背部（深蹲或抓举）和膝部（腿举）的受力。然而这些动作似乎并不符合增加脚踝灵活度的初衷，因为双腿运动的幅度远没有达到跑步中的运动幅度。腘绳肌的锻炼逻辑又有不同，因为牵拉腘绳肌的力量训练动作是为了强化肌肉，让它们不易被撕裂。

▲ 如果双腿较长，属于肌腱依赖型，深蹲时，上身下降幅度过大对背部和膝部不利。

▲ 如果双腿较短，属于肌肉依赖型，深蹲时，上身可以有较大的下降幅度。

提高跑步速度的隐藏肌肉

腰大肌、髂肌和股直肌是三块比较低调的肌肉，锻炼它们会有意想不到的效果。它们在日常生活中被使用的频率不是很高，所以力量自然比较弱。此外，它们比较靠近身体重心，所以经过锻炼后能够增加抬腿的力量，同时也不会加重脚步，能够帮助步伐较重的跑步运动员提高速度。所以它们是高水平短跑运动员取得重大进步的关键。

腰大肌

■ 短跑冠军的肌肉

腰大肌在起跑时起着至关重要的作用，它们参与抬腿动作，因此在跑步中的参与度很高。科学研究表明，腰大肌越发达，短跑运动员的奔跑速度越快[36]。对跨栏运动员而言，用来跨栏的那条腿上的腰大肌体积比另一条腿大10%[37]。因此，对许多运动来说，增强腰大肌的力量都非常重要，尤其是那些要求快速移动的运动。

■ 不受待见的肌肉

腰大肌很可能是我们的身体中最不受待见的肌肉。它们的活动和背部的错误姿态，甚至背痛有关系。然而，大自然让人类的腰部长这样一种肌肉，并不是为了让它们成为疼痛之源。腰大肌主要起到的是

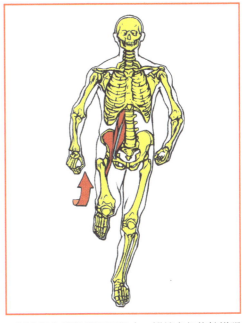

▲腰大肌和髂肌是深层肌肉，锻炼它们能够增强抬腿的力量。

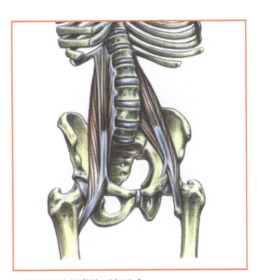

▲腰大肌沿着脊柱下部分布。

保护作用。但是，当用力不平衡、身体过于僵硬或者肌肉不够紧张时，它们的机能特征就可能对我们造成伤害。

当腰大肌的收缩程度较小时，它们能够从侧面稳定脊柱[38, 39, 40]。当我们抬起一条腿，如右腿时，右边的腰大肌参与了腿的抬升，左边的腰大肌也要收缩，但只是为了稳定腰部。无论是站立、行走还是跑步，腰大肌都存在这两种收缩情形。因此，网球或足球等腿部活动比较随机的运动有可能导致腰大肌力量失衡[41]。

腰大肌力量失衡可能会加重运动员的背部疼痛，因为每迈出一步，如果身体两侧不能保持有效平衡，脊柱就会失去稳定。时间长了，要求身体持续保持运动状态的运动项目就会导致身体出现病理特征。因此，除了通过力量训练进行增强之外，两侧腰大肌的力量也要保持平衡。

股直肌，有待发掘的肌肉

抬腿动作需要股直肌，所以它也是在跑步中极其重要的肌肉，能够和腰大肌、髂肌发挥协同作用。推动腿向后运动的肌肉有很多，但与抬腿有关的肌肉却很少。股直肌的力量越强大，步伐速度越快，储存在肌肉里的弹性势能越多。

人们在奔跑过程中，想要加快步伐把

腿抬得更高时，却发现自己做不到，无法突破某个特定的节奏，这和股直肌、腰大肌的力量较弱有关。

■ 薄弱的肌肉

对运动员而言，股直肌是一块很容易撕裂的肌肉，尤其在要求快速爆发的启动阶段。一旦脚与地面重新接触，腿向后运动时，就会产生一股很强的离心收缩力，导致这块肌肉被牵拉，这也是最容易出现拉伤的时刻。这些拉伤可能是局部的，但通常是整体性的。股直肌拉伤不会导致运动员无法奔跑，因为腰大肌会接替股直肌

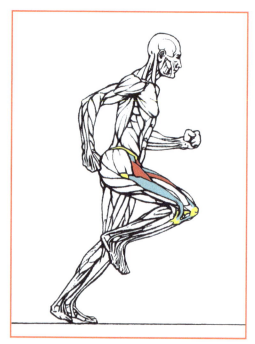

▲在抬腿过程中，股直肌与腰大肌、髂肌发挥协同作用。

参与抬腿动作，但这会在很大程度上减缓跑步速度。此外，肌肉在运动中的参与度变得不够均衡，髋部、膝部或脚踝等其他部位出现病理特征的风险会增大。股直肌和腘绳肌一样，都需要加强锻炼，从而更容易承受牵拉产生的应力，恢复能量。

大腿和小腿纤细的运动员奔跑起来更容易。对那些大腿肌肉发达、小腿粗壮，以及股骨、胫骨较长的运动员而言，股直肌的力量就更加重要了。

如果运动员更加倾向于耐力跑，他的小腿肌肉就需要更发达，同时也更需要增加股直肌和腰大肌的力量。

■ 力量训练中参与度不高的肌肉

在构成股四头肌的四块肌肉中，股直肌是唯一的多关节肌（它同时附着在胫骨和骨盆上，所以它跨过两个关节）。

股四头肌的其他三块肌肉都是单关节肌，只跨过一个关节（膝关节）。由于它们没有附着在骨盆上，所以无法让腿抬起来。事实上，这些肌肉会增加大腿重量，导致步伐变慢，增加能量消耗。

奇怪的是，在大腿力量训练的主要动作中，股直肌受到的刺激最小。无论是深蹲还是蹬腿练习，在动作的牵拉阶段，上身距离大腿越近，股直肌的参与度越低。例如，与坐姿腿屈伸练习相比，深蹲对股直肌的锻炼程度要低34%[42]，但是坐姿腿

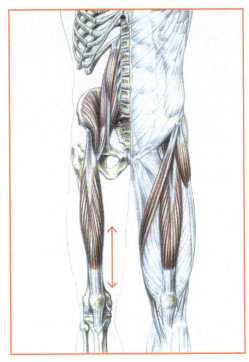

▲ 箭头表示的是股直肌的薄弱区域，该区域在体育活动中有可能撕裂。

屈伸却并不是最适合跑步运动员的练习。抬腿练习更能满足跑步运动员的需求，因为它能够同时刺激股直肌和腰大肌，这更符合跑步时的肌肉运动情况。

对于需要后退奔跑的运动员而言，股直肌也非常重要，如球类运动或球拍类运动。

渴望锻炼腹肌的健美运动员在锻炼腹肌时不需要过多使用大腿，但想要提高跑步成绩的运动员可以采用相反的策略。实际上，在锻炼腹肌时，双脚用力勾起，不要只依靠上身，这样能够增强股直肌和腰

大肌的力量。这种变型动作对自行车运动员、格斗运动员或投掷类运动员的力量训练也很有益。

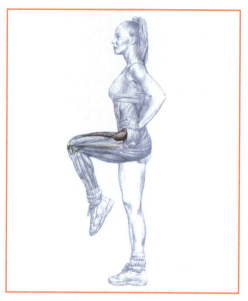

▲ 股直肌是股四头肌中唯一能够用于抬起大腿的，跑步中的抬腿动作需要它。

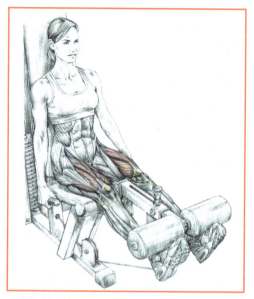

▲ 坐姿腿屈伸比深蹲或地面抓举更能刺激股直肌。

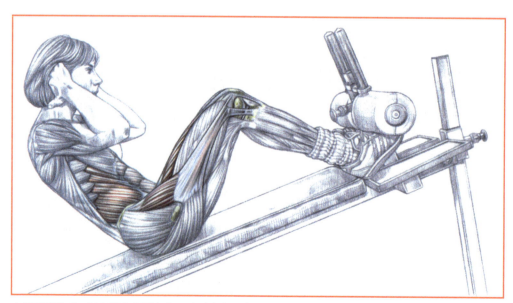

▲ 锻炼腹肌时，把双脚牢牢固定住，这对许多运动员都很有帮助。

病理特征

对跑步运动员来说，80%的伤病源自器官磨损。运动员一旦受伤，病症反复出现的概率就非常大。不是所有的肌肉都能通过力量训练来预防受伤，具体情况要根据运动员的身体情况来确定。因此，想要让锻炼达到最佳效果，必须了解肌肉结构的相同与不同之处。

肌肉运动结构的不同之处同样会影响受伤的风险。跑步时，腘绳肌的参与度越高，大腿后部的撕裂风险越大。相反，跑步时，腓肠肌的参与度越高，骨筋膜隔室综合征出现的风险越大，但是腓肠肌肌腱力量很强时几乎不会出现这种综合征。跟腱受伤也是颇为常见的情况。

腘绳肌撕裂的差异

骨盆后倾较为严重的运动员在跑步时更容易让腘绳肌处于紧张状态。只要向前伸腿或上身前倾，就能够对腘绳肌进行更好的牵拉，大腿后部肌肉受到的刺激更强烈。在冲刺时，这种更好的牵拉能够为腿向后运动提供力量。然而，如果腘绳肌持续处于牵拉状态，就有可能撕裂，这是跑步运动员群体中极为常见的伤病。

骨盆位置正常的运动员在跑步时，腘绳肌的紧张程度更小。这会减少它们在跑步中的参与度，因此，对主要依靠股四头肌进行奔跑的运动员而言，腘绳肌上部的

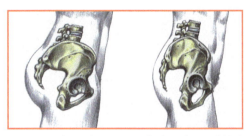

▲左边是后倾的骨盆，这让腰部有一种呈弓形的感觉，但其实并非如此。右边是基本处于中立位的骨盆，跑步过程中，腘绳肌受到的刺激较小。

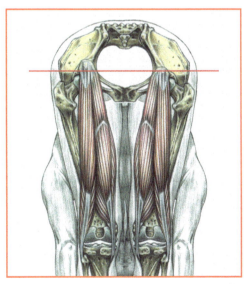

▲左边，后倾的骨盆有利于腘绳肌的牵拉和刺激。右边，处于中立位的骨盆减少了腘绳肌撕裂的风险。

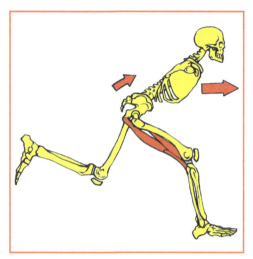

▲每迈出一步，腘绳肌都承受着较大的压力。

撕裂风险较大。

不管是哪种情况，对跑步运动员来说，大腿后部缺乏力量都是薄弱的一环，腘绳肌撕裂和膝关节疼痛的风险都会增大。

没有力量，就无所谓柔韧

想要预防受伤，自然要进行恰当的牵拉。然而，对牵拉预防伤病之功效的研究结果并不太清晰。某些研究表明牵拉有益，但也有一些研究认为牵拉没有任何效果，而且越来越多的研究表明牵拉会增大受伤风险。

具体来说，科学研究证明了为期6周、仅以牵拉为基础的训练对肌肉没有起到严格意义上的保护作用。以剧烈收缩导致的腘绳肌受伤的程度为例，无论是否定期做牵拉，6周前和6周后受伤程度基本相似[43]。

实际上，没有力量，也就无所谓柔韧。虽然较大的运动幅度似乎是有益的，但是如果肌肉和肌腱没有事先经过锻炼，它们在牵拉过程中同样很薄弱，在运动过程中很容易撕裂。运动幅度大虽是好事，但肌腱和肌肉的力量必须增强，才能承受极端姿态下的压力。为了满足这两个要求，我们在本书的第2部分将提出一些能够高强度牵拉腘绳肌的力量训练项目。此外，运动员在运动过程中，可能从各种各样的角度牵拉腘绳肌，因此为了增强肌肉力量，本书也设计了各种锻炼形式。腘绳肌由一些多关节肌构成，它们的一个或者多个末端可以同时被牵拉，这就决定了以下三种不同的牵拉类型：

（1）单纯的髋部牵拉；

（2）单纯的膝部牵拉；

（3）髋部和膝部同时牵拉。

这些牵拉的类型主要针对腘绳肌上端（髋部附近）和下端（股二头肌附近）这两个容易发生肌肉撕裂的部位。

每个运动员都应当把身体最薄弱的地方当作首要目标，通过特定的锻炼加以改善和增强。

大腿后侧的动作各不相同

为了让大腿后侧的动作有的放矢，必须考虑到运动过程中腘绳肌最薄弱、最容

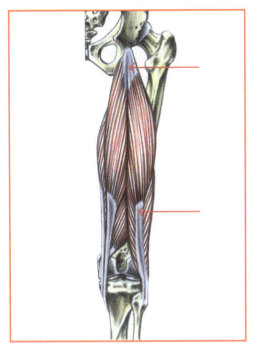

▲在运动员群体中，腘绳肌撕裂通常发生在上端或下端。

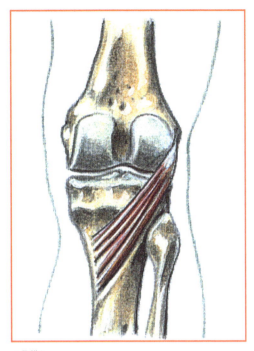

▲腘肌。

易受伤的区域。膝关节弯曲的运动能够增强股二头肌的力量[44]，上身前倾的运动主要针对的是腘绳肌的上端。

大腿后侧的动作也能够锻炼膝部后侧的腘肌，这块肌肉就像一个稳定器，能够保护膝部。因此，它在跑步中的参与度极高，它周围的神经十分密集，所以会产生很明显的痛感。

离心力量训练对于提高成绩、预防受伤至关重要

在力量训练过程中，超负荷离心力量训练尤其重要，它能够让运动员更好地处理突然减速时产生的压力，积累和释放跑步运动员或跳远、跳高运动员在每一步或每一跳所产生的能量[45]。离心力量训练能够轻微改变肌纤维的方向，因此在跑步过程中，肌纤维变得更加高效，也更能抵抗伤痛[46, 47]。

反向动作不需要具有爆发性，否则会产生危险，尤其是对初级水平的运动员而言。研究表明，即便是缓慢进行的离心力量训练也能够有效提高短跑运动员的冲刺速度[48]。

为什么腘绳肌的优先级高于股四头肌

腘绳肌是在跑步过程中容易撕裂的肌

肉，原因有以下三点。

（1）腘绳肌的肌肉和肌腱的联合部分布最广，容易产生微型撕裂。这些撕裂最初没有什么严重后果，但最终会诱发真正的能造成行动障碍的撕裂。

（2）人们在训练时总是会不由自主地强调股四头肌，忽视腘绳肌，因此二者的力量严重失衡。

（3）在跑步过程中，腘绳肌的参与度高于股四头肌。因此，大腿后侧的肌肉比前侧的肌肉更容易疲劳，也更容易产生撕裂[49, 50]。大腿的肌肉平衡不断恶化，膝部就更容易受伤。

了解肌肉类型的差别与骨筋膜隔室综合征的风险

胫骨前肌细长又发达的运动员容易受到骨筋膜隔室综合征的折磨（影响小腿前侧的疼痛）。这种综合征会导致压力增加，肌肉很容易充血肿胀，神经受到压迫，血管甚至可能坏死。

如果跑步运动员的肌腱较短，那么胫骨前肌越长，产生骨筋膜隔室综合征的风险越大。相反，如果运动员的足弓较平（由胫骨前肌不够强壮、肌腱功能不全导致，非病理性原因），产生这种影响运动的疼痛的风险就比较小。

跑步运动员进行力量训练的错误观点

很多人认为，深蹲或蹬腿等动作能够锻炼股四头肌，所以可以提高跑步速度。然而，虽然股四头肌参与向后蹬腿的动作，但在跑步过程中，腘绳肌和臀肌等肌肉也很重要。深蹲等动作也可以锻炼臀肌和腘绳肌，所以它们能够提高跑步速度。健美运动员可以用这些练习来单独锻炼股四头肌，但运动员必须让整条腿都参与锻炼，尤其是大腿后侧肌肉和臀肌。

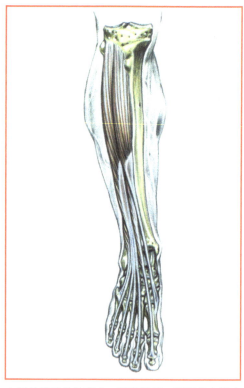

▲胫骨前肌的体积大、形状狭长，所以充血能力更强。

特定的力量训练是个好主意吗

胫骨前肌越强壮，筋膜柔韧性差，产生疼痛的风险越大。针对胫骨前肌的力量训练是一把双刃剑。如果肌肉疼痛源自因组织力量不够而反复出现的伤病，通过力量训练来增强肌肉力量是很有效的。

然而，对骨筋膜隔室综合征这种情况而言，力量训练会增加胫骨前肌的体积，因此病痛不仅无法解决，反而会进一步恶化。这样我们就会面临让人为难的情况：如何将病痛加剧的风险降至最低，同时让力量训练的益处最大化？

■ 分为四步的解决方法

（1）胫骨前肌容易在缓冲脚与地面接触并受到冲击时受伤。所以，必须增强它的抵抗外伤的能力，而不是单纯增加它的力量。为此，我们需要的是以负向练习（做还原动作时，让肌肉以相反的拉力慢慢伸展，对应离心运动）为基础的锻炼，而非正向练习（肌肉收缩举起大负重的过程，对应向心运动）。

（2）为了避免充血，不要用传统的方式重复练习。在理想情况下，右脚做一组练习时，左脚休息。右脚练习结束之后，休息几秒，然后左脚开始练习。这几秒的组间休息能够促进血液正常循环，限制血液在肌肉中累积（即所谓的"充血"）。负向练习导致的充血程度低于正向练习，这是其优势。

（3）注意节省力气，不要交替练习到肌肉无法收缩的程度。在身体过度疲劳或感到肌肉充血之前，做2~3组练习之后就停下来。

（4）尽量增加筋膜的柔韧性，或者促进组成筋膜的胶原纤维层之间的相对滑动。为此，可以使用按摩滚轴来进行牵拉和按摩。

参见

对跑步运动员而言，髋部旋转肌和大腿内收肌是至关重要的肌肉。运动员在奔跑时并非始终保持直线，如在球类运动中，这部分内容在"球类集体运动"（第36页）中有讲解。

若运动员必须尽量在极短的时间内提高速度，上身的力量训练就十分重要，该内容可参见"游泳和水上运动"（第50页），"球拍类和投掷类运动"（第54页）和"自行车和公路运动"（第57页）。

第2章　球类集体运动

前面提到的跑步运动员的一切担忧都存在于球类运动中，因此我们不再赘述。传统的跑步运动员和参与集体运动的运动员主要的不同之处在于：后者并不是简单地直线向前奔跑。他们需要侧向移动，常常在奔跑中突然停止，掉头转向，所以他们的髋部要经受严峻考验。在每次训练开始之前，运动员都要进行有效热身和必要的力量训练，保护这些身体部位。我们在下文中同样谈及如何避免膝部受伤，尤其是十字韧带的受伤。

髋部的运动

对臀肌、外展肌和髋部旋转肌产生积极影响

针对髋部肌肉和臀肌的力量训练会让人有些不好意思，因为关注这些肌肉的主要是女性。然而，抛去这些偏见不谈，如果你从事的运动涉及奔跑、跳跃或行走，你就应该锻炼你的臀肌、外展肌和髋部旋转肌。这会帮助你提高体育成绩，防止下肢受伤。

男人和女人有着相同的肌肉，这已经不需要多说。臀肌、外展肌和髋部旋转肌的存在与审美无关。这些肌肉在起跑阶段起着至关重要的作用，所有需要使用大腿的运动都需要它们。它们能够让身体获得力量和稳定性，而且也能够防止某些病症出现，尤其是髋部、膝部和脚踝部位的病症。

髋部肌肉的四项互相关联的功能

对运动员而言，这些肌肉主要有以下四项功能。

（1）臀肌（包括臀大肌、臀中肌和臀小肌）能够让髋部向后伸展。

（2）臀中肌、臀小肌和阔筋膜张肌能够让大腿外展（两腿张开）。大腿内旋动作也需要这些肌肉，如用脚外侧传球等。

（3）内收肌和缝匠肌能够让大腿内收（双腿夹紧），也可以帮助传球或用脚内侧踢球等。

（4）髋部旋转肌能够帮助股骨旋转，这样的动作主要是脚从左到右、从右到左的运动。对跑步运动员而言，髋部旋转肌有助于实现腿部平衡，维持向前奔跑过程中的身体平衡，防止摔倒[1]。它们同样能够避免让膝部和脚踝处于危险的姿态。

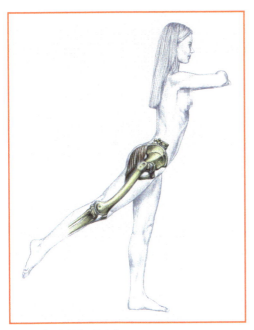

▲臀大肌让腿向后运动。

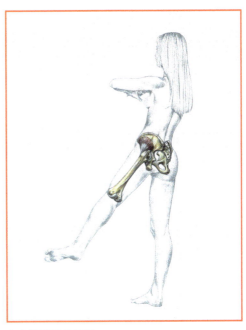

▲大腿深层外展肌。

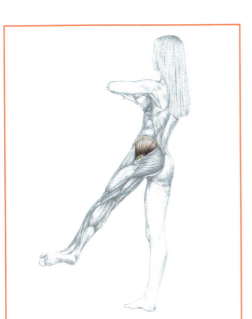

▲大腿表层外展肌。

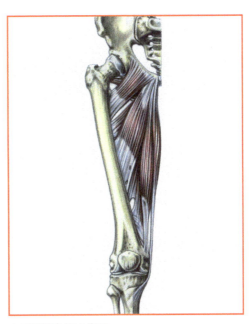

▲正面视角的内收肌。

这些功能主要是理论性的，因为实际上，这些肌肉的活动并没有这么泾渭分明。只要我们的腿在动，这些肌肉就会共同发挥作用。

旋转肌袖和大腿肌袖

越来越多的运动员开始重视肩部旋转肌袖（肩袖）的使用，因为它们对三角肌的稳定性至关重要，能够提高运动成绩、预防伤痛（参见"游泳和水上运动"，第50页）。髋部旋转肌和内收肌、外展肌在下肢也起到同样的作用。这些肌肉如果缺乏力量或者过早疲惫，髋部、膝部和脚踝的不稳定性和薄弱性都会增加。

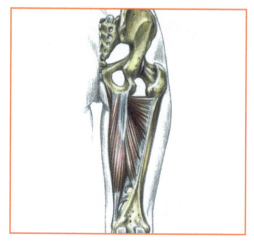

▲后视的内收肌。

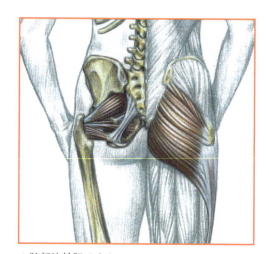

▲髋部旋转肌（左）。

髋部的病理学

在跑步过程中，髋部要承受许多冲击。女运动员更能感受到膝部所受的冲击，男运动员的髋部更容易疼痛[2, 3]。除了身体形态以外，运动员髋部受伤还有以下5个原因，这些原因是可以避免的[4]。

（1）忽视了有针对性的热身。

（2）肌肉力量不够。股骨越长，髋部旋转肌的力量就必须越强，以避免跳跃之后落地时，膝部承受过多的身体上下运动产生的压力。这种压力在跑步时也会出现，但难以察觉。

（3）主动肌和拮抗肌之间的力量不平衡。医疗测试表明，主动肌和拮抗肌之间经常力量失衡，前者的力量相对较强，后者相对较弱[5]。

（4）外展肌和内收肌之间的力量不平衡，前者的力量较强，后者较弱，这种情况在许多运动员身上都存在[6]。但这并不足以证明外展肌拥有超强的力量，因为研究发现部分运动员外展肌的力量也严重不足。这意味着，外展肌通常力量较弱，但内收肌更弱[7]。这种构造也会导致腹股沟容易出现病症[6, 8, 9]。

（5）两条大腿之间的力量不平衡。右腿肌肉和左腿肌肉之间存在较大差别。这种差别会导致两腿的平衡性较差，增大运动员的受伤风险[10]。

膝关节疼痛与髋部旋转肌的关系

身体下蹲时，膝关节之所以发出响声或有疼痛感，通常是因为（至少是部分原因）外展肌力量不足[11]。研究表明，在膝关节疼痛的人群中，通过力量训练来增强外展肌的力量能够快速缓解疼痛[12]。此外，增强外展肌的力量比锻炼股四头肌能够更快地缓解膝部不适[13]。臀肌力量不足也是膝部稳定性较差的原因[14]。

研究人员对一组女性运动员进行了为期4周的针对臀肌、腘绳肌和外展肌的力量训练。研究表明，身体落地时，锻炼后运动员膝部承受的压力明显减小[15]。肌肉能够起到更好的缓冲作用，膝部受伤的风险就能够大幅减小。

⚠️ **注意！**

两条腿的长度不同也会导致髋部出现问题。在这种情况下，运动员必须使用足弓托来弥补两腿的长度差距。

十字韧带撕裂与髋部旋转肌的关系

肌肉力量不足是跑步过程中突然改变方向所导致的十字韧带撕裂的主要原因，但这是由于髋部肌肉力量不足，而不是由于股四头肌力量不足。实际上，当脚在地面突然停止运动时，导致膝部异常扭曲的错误动作源自髋部，而不是膝部。

当身体跳起再落下或跑步时，两个膝盖的距离越近，膝关节和髋部的韧带受伤

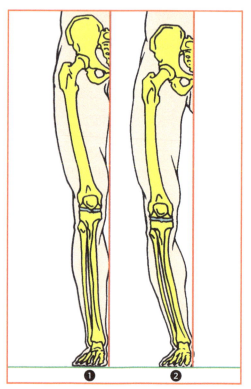

❶女性髋部和膝关节之间的股骨倾角比较明显。
❷男性的股骨倾角不太明显。这种形态上的差异能够部分解释为何女性运动员的膝关节更容易受伤，男性运动员的髋部更容易受伤。

的风险越大。和男性相比，女性运动员的这种受伤风险更大，因为她们的股骨倾角更大。

脚踝病症和髋部旋转肌的关系

研究同样表明，髋部的肌肉力量不足，尤其是外展肌，会导致脚踝受伤风险增大[16, 17]。

预防运动疝

极不规律的奔跑会导致运动疝。这种情况特别容易出现在足球运动中，因为运动员并不是一直在奔跑。当运动员不停地踢球时，内收肌会出现微型创伤，运动疝的风险会增大，导致腹股沟疼痛[18, 19]。因此运动员需要对外展肌进行有针对性的锻炼，因为外展肌下部力量不足也会导致运

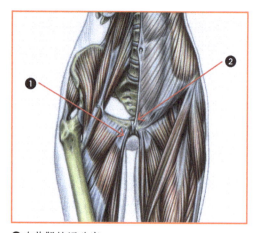

❶内收肌的运动疝。
❷腹壁疝。

动疝（参见"针对格斗运动的锻炼"，第144页）。

结论

增强髋部肌肉力量对所有运动员都有益。运动员首先要对该部位进行热身，以防止肌肉突然进入运动状态、预防伤病、提高体育成绩。

针对大腿内收肌、大腿外展肌和髋部肌肉的特定力量训练能够大幅降低职业橄榄球运动员的髋部伤病的严重程度[20]。针对最薄弱的肌肉进行特定训练所取得的效果是全身肌肉均衡训练的两倍[20]。因此，必须仔细检查疼痛部位的结构，然后进行个性化的锻炼，因为每个人的情况各不相同。例如，在男足运动员群体中，疝气和腘绳肌撕裂是最常见的伤病；在女足运动员群体中，股四头肌撕裂和十字韧带断裂最为常见[21]。

腘绳肌如何保护十字韧带

力量不足的腘绳肌更可能导致膝关节出现病症[22]。实际上，跑步中，股四头肌和腘绳肌的参与度是存在竞争性的。髋部伸肌力量较弱时，作为补偿，上身会挺起，股四头肌、膝关节和膝关节韧带的参与度增加。相反，如果髋部伸肌力量较强，上身可以保持前倾，股四头肌和膝关节的参与度减少。

针对运动员的研究表明，他们的腘绳肌比股四头肌更容易疲惫，这会逐渐降低冲刺时大腿后侧肌肉对膝关节的保护程度。

十字韧带撕裂的另一个原因是胫骨向前运动的幅度过大。当运动员突然停止运动时，脚停留在地面，力量较弱的腘绳肌无法阻止胫骨过度向前运动。

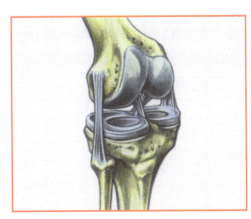

▲这就是著名的可能导致运动员职业生涯结束的十字韧带。

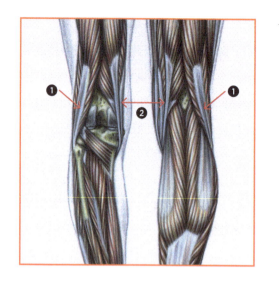

◀腘绳肌下部能够保护膝关节。股二头肌❶和半膜肌❷是十字韧带的主动肌和拮抗肌。股二头肌能够让脚向外旋转，半膜肌能够让脚向内旋转。在跑步时，等长收缩的股二头肌❶和半膜肌❷能够保证双脚沿着轴线前进。如果这两块肌肉其中之一或者两者都出现疲惫，双脚就无法保持在轴线上，这可能导致膝关节和脚踝受伤。在进行任何活动之前，都必须对腘绳肌下部和髋部旋转肌进行热身（参见第93页），但是要保持坐姿，小腿与大腿成直角。如果腘绳肌力量不足或耐力不够，就必须通过特定的力量训练对其进行增强。

参见

　　需要使用手臂来推挡对手的运动员可参见"格斗运动"一章（第61页）。使用手臂拍球或发球的运动员可以在"球拍类和投掷类运动"（第54页）中找到更多细节。在"针对跑步运动的锻炼"（第66页）中，读者可以找到关于腘绳肌的锻炼方法。

第3章　高尔夫球和旋转运动

　　所有运动都存在着不同程度的上身转体动作，高尔夫球运动中尤为突出。所有运动员都应当锻炼与这个动作相关的肌肉，以保证腹部力量，为腰部提供保护。

　　统计表明，从2000年之后，高尔夫球运动员的发球力度大幅增强。最大限度地把力量传递给高尔夫球杆意味着肌肉需要爆发力，但是速度的增加也要受到限制。挥杆的力量越强，动作停止所需要的肌肉力量越强，同时还要避免四肢关节脱臼和病症出现。

　　高尔夫球运动带来的另一个典型的问题也存在于许多其他运动中，即前臂内侧和手腕出现的疼痛。针对旋转运动的力量训练的主要目标之一是保护整个身体，尤其是背部、髋部、肩部和前臂。此外，由于许多老年人会从事高尔夫球等旋转运动，所以热身就显得更加重要了。统计表明，54岁以上的高尔夫球运动员受伤的概率是其他年龄层的3倍[1]。

旋转的问题

旋转还是抗旋转

　　许多运动都存在转体动作，所以必须利用特定的练习，锻炼与该动作相关的肌肉，如斜肌、背肌和腰大肌等。

　　与上身侧向转体力量训练有关的主张有两大类。传统上，锻炼上身扭转的动作有许多种，这能够增强上身旋转肌的力量（参见"针对高尔夫球和旋转运动的锻炼"，第100页），但是如今出现了一种新途径。这种途径既强调上身扭转对于锻炼相关肌肉的重要性和必要性，也指出了这些旋转练习中存在的危险，尤其当人们为

了增加动作难度而增加额外的重量时。

▲转体能够增加拳击、投掷类、高尔夫球、游泳或跑步等各种运动的力量。

旋转练习，尤其是增加阻力的旋转练习，可能加重已有的病症。锻炼者可能受到大负重惯性的影响，脊柱自然旋转的幅度会加大。

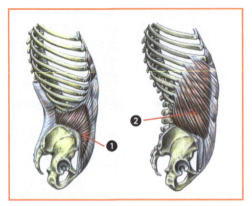

▲ 斜肌（❶腹内斜肌和❷腹外斜肌）能够确保转体动作的进行，在几乎所有运动中都扮演着至关重要的角色。

为何要做抗旋转练习

这种新的锻炼方式更加保守，它主张静态锻炼，在锻炼过程中，大负重促使上身转体，但锻炼者要在不移动的情况下，抵抗这股力量，此时肌肉会进行等长收缩，这一点和许多锻炼动作是相同的。抗旋转练习和以主动方式进行的练习是相同的，但要特别注意，锻炼时不要被大负重带着走。

即便运动员身上有病症，在小幅度转体也有可能加重病情的情况下，抗旋转练习能够让肌肉得到锻炼，这是它的优势。但抗旋转练习只能以等长收缩的方式刺激肌肉，这不太能满足某些体育运动的锻炼需求，如高尔夫球运动的挥杆动作。

即便如此，初级水平的运动员依然可以通过抗旋转练习来锻炼肌肉。只要肌肉能够得到锻炼，不管多么微不足道，运动员终能从中获益，如从未进行过力量训练的老年人。在后续的锻炼过程中，运动员可以进行小幅度的转体锻炼，循序渐进，逐渐加大运动幅度。

背部疼痛：高尔夫球运动员的困扰

从生物动力学角度来看，打高尔夫球时运动员的背部处于一个不太稳定的转体姿态，而且运动员转体时通常具有爆发性，动作比较剧烈，这并不会增强背部肌肉的力量。在这种情况下，力量训练就能发挥功效，让运动员从中得到高尔夫球这种运动无法提供的益处。力量训练的保护功效有以下4种形式。

（1）力量训练能够让肌肉、肌腱和关节在训练开始前得到恰当的热身。研究表明，高尔夫球运动员的热身时间越长，受伤的可能性越小[2]。但是必须清楚最有效的热身方法才行！

（2）力量训练能够解决身体两侧以及拮抗肌（尤其是非对称运动中的背部肌肉）之间力量失衡的问题。它能够增强身体的稳定性，恢复身体平衡，防止出现短期和长期的病症。

（3）目标明确的力量训练不仅能够预防伤病，也能增强与上身转体有关的肌肉的力量，增强挥杆动作的力量。

（4）力量训练能够让背部肌肉在用力之后得到放松和疏解。运动员可以手抓固定杠，以悬挂的方式休息几十秒，或者以座椅靠背或桌子边缘为支撑，让身体前倾。放松肌肉可以让椎间盘恢复因重力而失去的空间，背部的负担也能得到减轻。

▲每次训练之后，背部肌肉都应当得到疏解。

增强腹部和腰部肌肉的力量

把整个腹部和腰部区域联系起来的既有肌肉，也有筋膜和腱膜[3]。因此，一块肌肉所承受的压力可以传导至整个部位。腹部和腰部肌肉的主要作用是吸收这些压力，增强腹部的力量，保护腰部[4]。这些肌肉可以发挥协同作用，让背部保持笔直状态。我们也可以对其施加力量，让腰部向后或向两侧弯曲。

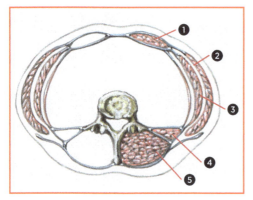

▲我们的肌肉构成了一条环形束带，紧紧包裹和保护下背部。
❶腹直肌。
❷腹外斜肌。
❸腹内斜肌。
❹腰方肌。
❺竖脊肌。

力量训练能够有效增强肌肉力量，增强下背部的稳定性。但是，增加动作难度的主要方式是延长动作时间，如运动员可以把30秒的平板支撑延长到1分钟、2分钟或3分钟。

这种策略适合长跑运动员或自行车运动员等耐力型运动员，但不适合身体需要承受短暂但剧烈的力量的运动员。例如，需要挥杆的高尔夫球运动员，挥拳的拳击手，投掷类运动员等。这些运动员需要肌肉必须能在上身转体四分之一圈时为腰部提供支撑，在极其短暂的时间里释放出巨大力量。

如果运动员做平板支撑的时间是1分钟，而非30秒，那么其获得的主要是耐力和一点点力量，在爆发力方面没有太多收获。为了提高这种练习的效率，我们建议把它和旋转动作结合起来。做完旋转动作后，立刻进行核心训练，如此一来，训练难度会增加，因为肌肉已经疲惫了。同样，在锻炼腹肌时，做完仰卧起坐之后，不要停下来，立刻接着做平板支撑。

有效稳定肩部

肩部疼痛通常与冈上肌的力量不足有关[5]。因此，运动员的锻炼目标是让构成肩袖的肌肉得到恰当的热身，增强肩部稳定性，尤其是在挥杆这样大幅度的剧烈运动过程中。增强这些稳定肌力量的同时，我们可以减小出现肩峰下撞击综合征的风险（参见"游泳和水上运动"，第50页）。左右两个肩部必须得到充分热身，增强其力量，因为首先被磨损的是不占优势的肩部[5]。

肩部后部与斜方肌下部共同发挥作用，它们不仅能够稳定肩部，也能够增强挥杆动作的力量和提高准确性。实际上，肩部的稳定性越强，挥杆越准确。如果起稳定作用的肌肉不够有力，那么三角肌就得不到足够的支撑，脱臼的风险就会增大。如此一来，肌肉的动作就比较难以控制，无法准确配合转身动作，手臂和球杆的运动轨迹就会发生偏移。

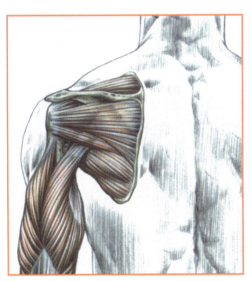

▲肩部的旋转肌能够保证肩部的稳定，减小病症出现的风险。

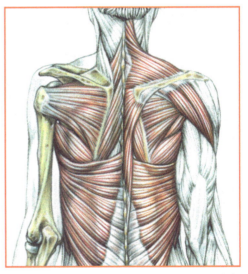

▲肩胛骨周围的肌肉也能够保护肩部，避免肩部出现病症。

克服高尔夫球肘

顾名思义，高尔夫球肘（前臂内侧疼痛）主要出现在高尔夫球运动员身上，但所有频繁使用双手的运动员，如冲浪运动员、投掷类运动员或网球运动员都可能深受其苦。这个部位比较薄弱，过度使用会导致磨损和疼痛，所以必须防患于未然，不要等到出现疼痛再去处理。

不幸的是，很多运动员认为这样不起眼的疼痛最终会消失（有时确实是这样），他们只有疼痛严重到无法用手时，才会开始担心，决定做些什么。然而，不起眼的疼痛，哪怕持续时间很短，也应当被视为一个警告信号。虽然"亡羊补牢，为时不晚"，但不要等到最后一刻才采取行动。疼痛越明显，身体运动幅度越受限制。要知道前臂出现疼痛时，哪怕是微小的疼痛，也会让手臂在好几个月，甚至好几年里无法正常运动。如果你依然有所怀疑，可以去询问有多年训练经验的人。这种方法总会让你清醒过来。

为了避免这些疼痛，你必须同时采取以下3项策略。

（1）在任何训练开始前都要使用握力器或软球等工具，针对这个部位进行热身。

（2）通过力量训练，增强伸肌力量。

（3）按摩肌肉筋膜，加快训练间的恢复速度。

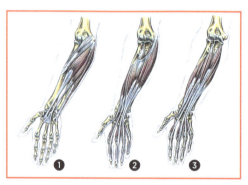

▲手腕屈肌：

❶表层；

❷中层；

❸深层。

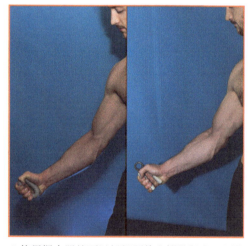

▲使用握力器就可以轻松预热和锻炼肌肉，预防高尔夫球肘。

恢复身体的对称性

高尔夫球是一种不对称性非常明显的运动，所以我们不能仅满足于身体挥杆一侧的力量训练，而忽略另一侧。同样，手指和手腕屈肌是主要的运动肌肉，但其拮抗肌也要得到锻炼。高尔夫球这种类型的运动容易导致身体出现严重的不对称，这也是使身体受伤的重要原因。我们可以通过力量训练来恢复身体左侧和右侧肌肉、主动肌和拮抗肌之间的力量平衡。身体恢复平衡之后，更能充分发挥潜能，预防受伤。

参见

本书的最后一部分推荐了一些专门针对高尔夫球的计划（参见第208页）。读者也可以参阅针对肩部和背阔肌的力量训练（参见"针对游泳和水上运动的锻炼"，第111页），因为这些肌肉与斜肌共同发挥作用，能够让挥杆更有力。锻炼腿部肌肉也可以增强稳定性（参见"针对跑步运动的锻炼"，第66页；"针对球类集体运动的锻炼"，第93页）。

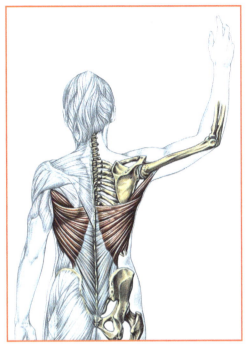

▲背阔肌和大圆肌。

第4章　游泳和水上运动

这些运动通常要求强壮的背部肌肉。我们在本书的第2部分中将会讨论如何增强背部肌肉力量。和跑步运动员一样，我们必须知道，身体形态，尤其是骨骼形态，会影响水上运动的成绩和表现。它也会影响受伤的风险。因此我们要研究一下高强度使用三角肌会产生的病症。对于这些需要大幅度挥动手臂的运动而言，增强肩部力量以及保护肩部的肌肉是至关重要的。

游泳使用的肌肉

通常，游泳运动员的手臂越长、手掌越大，背肌和后肩就越强壮，提供的力量也就越强。此外，肩部运动幅度越大，它们的稳定性越弱，出现损伤的风险越大。因此我们必须锻炼肩部旋转肌和肩胛骨固定肌。

想要让双腿在拍打水面时更加有力，我们必须锻炼臀肌、腘绳肌、股直肌和腰大肌（参见"针对跑步运动的锻炼"，第66页）。

游泳是一种呼吸受阻的耐力型运动，某些人会需要增强他们的肺活量和膈肌的力量。

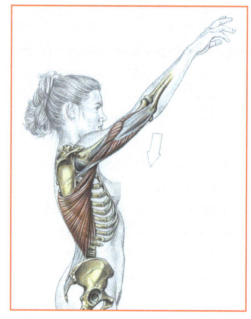

▲肱二头肌的长头是这个肌群中唯一的多关节肌，它能够与背肌共同作用，让手臂沿着上身运动，因此，我们必须通过有针对性的力量训练来增强它的力量。

游泳、耐力和骨骼的薄弱性

医学研究表明，在运动员之中，游泳运动员的骨密度（与骨骼的强度有关）相对较低[1]。通常，耐力型运动员的骨骼最薄弱。在长跑运动员群体中，男性的骨骼比女性更薄弱，这是体育界众所周知的。和进行力量训练的运动员（骨密度为1.44克/厘米²）相比，游泳运动员和长跑运动员的骨密度只有1.27克/厘米²。力量训练是一个加大骨密度的快速而有效的方法，但它也是一把双刃剑，因为身体的肌肉越多，飘浮能力越差。因此，游泳运动员在增强力量和耐力的同时，需要减少肌肉体积的增加。

游泳健将的各种泳姿

虽然最优秀的游泳运动员的身体形态有许多相似之处，但根据不同的特长，其身体形态也有不同之处。

蝶泳

所有游泳运动员的肩部都很宽阔，蝶泳运动员尤为突出。为了让手臂的运动幅度尽可能大，他们的肩胛骨的活动性也很强。

自由泳

这种泳姿不要求肩部像蝶泳运动员那样宽阔和灵活。但是，自由泳要求运动员的骨盆能够灵活地摆动。

蛙泳

蛙泳要求运动员的髋部拥有灵活转动的能力。因此，运动员必须拥有良好的骨骼形态，股骨颈要自然向外，髋部旋转肌（参见"球类集体运动"，第36页）和内收肌（参见"球拍类和投掷类运动"，第54页）要有较强的力量。和其他泳姿相比，胸肌在蛙泳中的作用更大，它要辅助手臂回到身体两侧（参见"球拍类和投掷类运动"，第54页）。

了解运动员的肩部疼痛

肩峰下撞击综合征

所有需要将手臂举起的运动都会引起肩部疼痛。在游泳、投掷类运动、高尔夫球或排球等运动中更常出现。

冈上肌的肌腱和肌肉是肩峰下撞击综合征涉及的主要部位。为了清楚地理解这种疾病，我们必须明白冈上肌的以下两大功能。

（1）它和肩袖的其他肌肉一起，在肩部运动时，维持肱骨的稳定。

（2）它参与手臂从侧面抬起的动作。

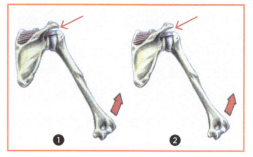

❶肩峰被覆盖的面积越大，手臂运动幅度越小，受伤风险越大。

❷肩峰被覆盖的面积越小，手臂运动幅度越大，这是一种优势，它可以和灵活的肩胛骨发挥协同作用，但不是所有人都有类似的运动幅度。如果运动员的骨骼形态不允许，我们不建议其手臂的运动幅度达到冠军选手那样的运动幅度，以防肩关节过早磨损。

诱发综合征

这种综合征并不是以自然的方式出现的，它是肱骨头向前、向上偏离轴心时诱发的。这种情况会减少肩峰下面的空间，使肩峰摩擦冈上肌的肌腱。体育训练之后，如果没有进行力量训练，让身体恢复平衡，那么肌肉力量的失衡也可能导致这种综合征出现。

起保护作用的肌肉在运动过程中过早疲劳也是导致该综合征的原因。运动刚开始时，肌肉可以充分保护肩部，但随着疲劳的出现，这种情况会逐渐变差。肩部的回旋姿态可能出现错误[2, 3]。因此，起保

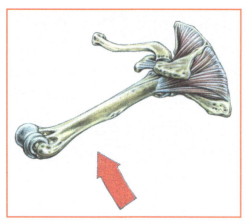

▲抬起手臂时，尤其是手高举过头时，冈下肌的肌腱有可能撞到肩峰。运动员如果不停重复这个动作，微型创伤就会不断累积，最终造成疼痛，甚至手臂无法运动。

护作用的肌肉的抗疲劳能力越差，肩部受伤的风险越大。力量训练既能够增强这些肌肉的力量，也能够增强它们的耐力，在最大限度上提高效率。

缓解肩部疼痛的力量训练

锻炼向后牵拉肩部的肌肉（肩部后肌群、斜方肌中部、冈下肌和菱形肌）能够让肩部恢复至轴心位置，大幅缓解运动员的肩部疼痛。研究表明，游泳运动员进行为期4周、每周3次的肩袖力量训练之后，肩峰下面的空间增大，肩峰下撞击综合征的风险减小[4]。

针对保护肩部的肌肉应当采用哪种力量训练

不是所有的力量训练动作都适合肩部旋转肌。某些动作适合运动或训练前的快速热身。为了增强肌肉力量，运动员最好找到与其从事的体育项目最为接近的手臂姿态。如果锻炼过程中，肩部出现疼痛，尝试本书第2部分推荐的变型动作，它们可以避免触发疼痛感。

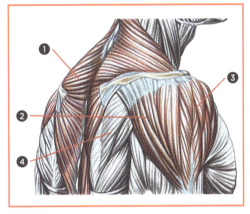

❶ 斜方肌。
❷ 三角肌后束。
❸ 三角肌中束。
❹ 冈下肌。

参见

"高尔夫球和旋转运动"（参见第43页）这一章涉及了上身转体的所有动作。"球类集体运动"（参见第36页）详细介绍了髋部旋转。我们在"跑步运动""自行车和公路运动""格斗运动"（分别参见第12、57和61页）中讨论了大腿的力量训练。

第5章　球拍类和投掷类运动

球拍类运动、投掷类运动和球类运动（如手球或排球）都要求用手或手臂进行投掷，这些运动的运动员快速进步所必需的理想身体形态也有相似之处。我们可以发现这些运动有着相同的姿势，使用了相同的肌肉，所以锻炼这些肌肉的方式也有相同之处。但是相似点并非都是好的，它们也有相同的病理原因。

网球运动还会造成一个问题，这个问题也存在于许多需要使用双手的运动中，这个问题就是前臂外侧的疼痛，即著名的网球肘。我们在下文中将介绍如何借助力量训练避免这种情况。

上身的理想形态

形态特征

想要更好地投掷或击球，最好有强壮的手臂、良好的三角肌和肩胛骨，以及宽阔的肩部。这样的身体形态能够让运动员有足够的能力，手臂伸得更远，最大限度地把力量传递给投掷的物体。

这种与游泳运动员很相似的上身形态也容易导致与其相似的肩部病症。读者可以参阅"游泳和水上运动"（参见第50页），了解更多内容，在"针对游泳和水上运动的锻炼"（参见第111页）中可以找到锻炼肌肉和预防伤病的练习。

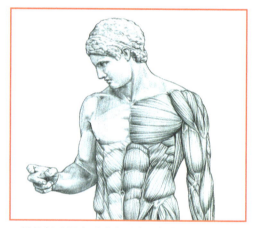

▲虽然似乎只有手臂在用力，但实际上投掷物体时动用了全身肌肉。

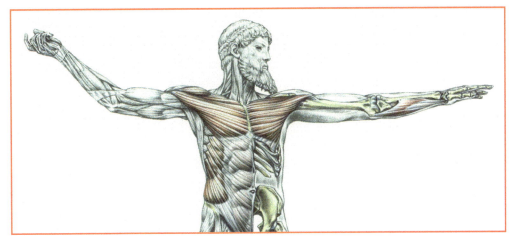

▲在投掷物体时，强有力的上身能够更好地储存和释放肌肉弹力。

腿部的理想形态

在投掷类运动中，运动员的腿和短跑运动员类似，不过后者的小腿肌肉更发达，能够让起跑更有爆发力（参见"跑步运动"，第12页）。但是，与直线奔跑、没有障碍的短跑运动员不同，在球拍类和投掷类运动中，运动员要向各个方向奔跑，还要突然止步无数次。这会导致球拍类和投掷类运动导致的病症要多于球类集体运动。除了跟腱断裂和髋部旋转肌病症以外，内收肌也可能出现严重创伤。因此必须加强锻炼内收肌，避免肌肉或韧带的扭伤甚至撕裂。

四肢的大小和运动幅度

在大部分运动中，尤其是排球或篮球等球类运动，长臂、长腿的运动员更有优势。然而，手臂和腿越长，肌肉运动幅度越大。我们可以思考一下这样的大幅度是否能够最大限度地发挥功效。

人们普遍认为动作幅度越大，效率越高，但我们认为运动员身材越高大，越应当注意动作幅度不应过大，尤其是在做深蹲、蹬腿、卧推、肩推等动作时。因为进行重量锻炼时，四肢越长，牵拉程度越大，危险系数越高；此外，运动幅度越大，肌肉在动作末尾阶段的收缩性越弱。

因此，如果运动员的身材高大，减小运动幅度是明智之举，尤其是在牵拉阶段，这可以降低动作的危险性。对于这种身材的运动员来说，在器械上增加弹力带是一种很有益处的锻炼方式，可以避免身体容易受伤的部位受伤。这个小窍门具有以下特点。

（1）在器械下降的过程中，减轻重量，降低牵拉的危险性。

（2）缩短对锻炼没有用处的阶段，因为胳膊和腿伸直之后，肌肉的压力不足。

肘部疼痛和网球肘

在投掷类运动和网球运动中，肘部韧带和前臂肌肉要经历严峻的考验。锻炼手指和手腕伸肌能够减轻每次投掷时对这些韧带和肌腱的压力，有助于预防伤病[1]。"针对球拍类和投掷类运动的锻炼"（参见第125页）这一章介绍了一些特定的力量训练动作。

我们强烈建议大家不要局限于针对手指和手腕的伸肌的锻炼，目光也应该放在手指和手腕的屈肌上，以保持力量平衡（参见"高尔夫球和旋转运动"，第43页）。此外，即便你运动时只使用右手，左手的力量训练也不可或缺，这同样是为了保持身体平衡。

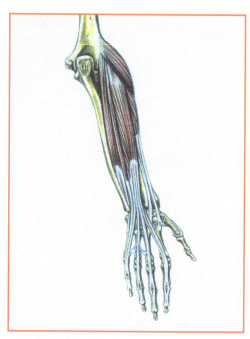

▲网球肘是另一种"高尔夫球肘"（参见"高尔夫球和旋转运动"，第43页），但它涉及的是手腕和手指的伸肌，而非屈肌。

第6章　自行车和公路运动

在自行车运动中，我们能够根据不同的比赛距离，观察到最丰富的肌肉形态。某些擅长赛道竞技的自行车运动员的大腿比较粗壮，而远距离自行车运动员通常为了减轻体重、加快骑车速度而减少肌肉重量。不管比赛距离的远近，科学研究都表明，只要力量训练能够与比赛距离要求的身体素质相匹配，它就能够提高运动成绩。

我们首先分析自行车运动员的理想形态。然后分析力量训练能够带来的益处。最后，我们将分析自行车运动员最常遇到的背痛难题，因为他们要长时间保持前倾姿态。此外还有一些同样存在于许多其他运动中的疼痛。

自行车运动员的理想形态

公路自行车运动员与短跑运动员

虽然这两种运动项目使用的几乎是相同的肌肉，但它们的使用方式却截然不同。短跑运动员大量使用离心运动阶段所积累的弹性势能。公路自行车运动几乎不存在这个离心阶段，因此几乎是不需要能量恢复能力的，这也表现在运动员的肌肉结构上。短跑运动员的跟腱长，肌肉短，而自行车运动员则需要长肌肉和短跟腱。

缓冲力

自行车运动会在高低不平的场地上进行，因此，缓冲力就变得非常重要。然而，公路自行车运动员必须忍受这些冲击，但无法把这些冲击力储存起来，以加快骑车速度。摩托车越野赛也是一样，为了防止摔倒，摩托车越野赛运动员的大腿需要同种类型的力量。

力量训练对自行车运动员耐力的影响

力量训练的益处

与跑步相比，力量训练增强自行车运动所需的耐力、减少能量消耗的效果较弱（参见"跑步运动"，第12页），因为自行车运动员不需要储存那么多跑步运动员所需的弹性势能。在许多自行车比赛中，甚至是远距离比赛中，无氧能力对比赛成绩至关重要。例如，它在陡峭的坡道赛、计时赛或最终冲刺阶段都必不可少。此外，众所周知的是，力量训练是成为优秀的登山运动员的重要条件。

然而有些研究得出了一些令人吃惊的结果，高水平的自行车运动员进行力量训练之后，骑车效率得到提高，能量消耗减少。一些自行车比赛冠军在日常训练之外，还进行了为期8周的力量训练（20分钟的重量半深蹲，每周2~3次），结果表明他们的骑车效率提高了5%[1]。重量半深蹲让他们的力量增强了14%。在有氧能力测试中，他们的疲惫感降低了17%。

力量训练也可以消除另一个阻碍自行车运动员进步的因素。实际上，只进行自行车耐力训练的话，肌纤维力量，即所谓的耐力，是降低的。用力量训练来取代一部分自行车耐力训练，能够恢复肌纤维的力量，因此，为了产生同样多的能量，自行车运动员需要的肌纤维数量减少了[2, 3, 4]。运动所需的肌纤维数量少了，消耗的能量少了，身体疲惫的速度就慢了。

骑自行车的姿态能够改变肌肉的参与度

运动员可以调整在自行车上的坐姿，上身和肱骨之间的角度也随之发生变化，肌肉在运动中的参与度也发生改变。身体前倾幅度越大，越接近流线型，臀肌和腘绳肌的参与度就会超过股四头肌。实际上，大腿弯曲程度越大，股四头肌的力量越弱，身体就会调动其他肌肉（臀肌和腘绳肌）来弥补大腿前侧肌肉力量的不足。相反，背部越直，臀肌的参与度就越低，股四头肌的参与度越高。

当自行车运动员呈站立姿态时，股四头肌的力量就强得多，因为运动员的双腿几乎是伸直的，形成了完美的杠杆。这种高效的力量传递也可以让运动员利用自重来增强踩脚蹬的力度。同样，在越野自行车或山地自行车赛中，运动员双腿呈半弯曲的姿态踩在脚蹬上，这样可以减少身体承受的冲击。

是否利用大腿来踩脚蹬这件事决定了是否需要锻炼辅助抬腿的肌肉，即胫骨前肌、股直肌和腰大肌（参见"针对跑步运动的锻炼"，第66页）。

同样，大腿和上身的姿态在很大程度上改变了小腿的参与度。如果运动员倾向于使用伸直的双腿来踩脚蹬，就必须锻炼伸直状态下的小腿。相反，如果运动员骑车时双腿弯曲程度较大，那么就应当以坐姿锻炼小腿，把重点放在比目鱼肌上，而非腓肠肌上（参见"针对跑步运动的锻炼"，第66页）。

骑自行车的姿态能够改变力量训练的策略

当运动员处于较低的坐姿时，想要锻炼肌肉，最好采用垂直蹬腿的方式。如果运动员的坐姿较高，或者为了增加直立骑车时的力量，最好选择45度蹬腿练习（参见"针对跑步运动的锻炼"，第66页）。

然而，自行车运动员常常在两种姿态之间变换。我们建议进行水平蹬腿练习后，下一次练习选择垂直蹬腿练习。但是，我们不建议在同一次训练中使用两种蹬腿练习，这是一种没有必要的重复练习，我们还有其他肌肉需要锻炼。

不同的姿态变化和各自的优先级决定了进行大腿力量训练时选择什么样的动作幅度。实际上，对同一种练习而言，不同的动作幅度能够影响力量的传递。骑车时，双腿弯曲程度越小，力量训练的动作幅度越小，反之亦然。

上身的锻炼

需要以站立姿态攀爬坡道的冲刺运动员必须锻炼肱三头肌，增强肘部力量，使其能够承受部分身体重量，保持自行车的侧面平衡。在越野自行车比赛中，手臂和大腿一样，也能起到缓冲作用，减少场地对身体造成的冲击，它依靠的是肱三头肌、肩部前肌群和胸肌的力量。因此某些运动员需要增强这一区域的力量。

背部问题

由于骑车的姿态，尤其是在高低不平的场地时，自行车运动员的下背部常常出现疼痛。滑雪运动员和摩托车运动员也会出现相同的病症，从事其他运动的运动员也并未幸免。

疼痛也可能出现在背部上方。在这种情况下，力量训练的重点是固定肩胛骨的肌肉，目的是增强这些肌肉的耐力（参见"针对游泳和水上运动的锻炼"，第111页）。除了背部问题以外，梨状肌综合征也会影响自行车运动员、长跑运动员、高尔夫球运动员、赛车手等。人们很容易把这种疼痛和坐骨神经痛弄混，因为这种疼痛会辐射到臀部和大腿。为了预防这种综合征，我们建议在进行任何身体活动之前，都要对髋部旋转肌进行恰当的热身（参见"针对球类集体运动的锻炼"，第93页；以及第3部分的锻炼计划，第158页）。对自行车运动员而言，这些肌肉如果缺少准备活动，膝关节出现磨损、疼痛的可能性就更大[5]。

防止骨骼矿物质流失

一些在比赛季中进行的医疗分析表明，自行车运动员有骨质疏松的趋势。例如，环法自行车赛选手的平均骨密度比不经常运动的同龄男子低10%[6]。人们认为自行车运动能够增强骨质，但实际上它是选手平均骨密度低于普通人的运动之一。这种骨质疏松在髋部和脊柱部位尤其明显，这只会增大腰部疼痛的风险。

这种矿物质流失影响的不仅是健康。自行车运动员摔倒时，这个问题就会变得很严重，因为它会增大运动员骨折的风险。定期进行一些力量训练能够扭转这种趋势，对运动员短期和长期的健康都很有益，因为随着年龄的增加，骨质疏松会加快[7]。为此，本书第3部分推荐了一些针对骨骼的锻炼计划。

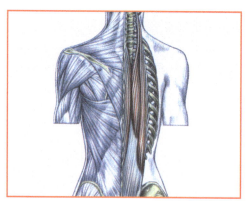

▲所有的运动员都应当增强保护脊柱的肌肉，并在每次训练之后都注意减轻背部的压力。

第7章　格斗运动

　　和所有其他运动项目相比，格斗运动，尤其是综合格斗（Mixed Marital Arts，MMA），最能够调动全身所有肌肉，这项运动要求肌肉具有一切优点（爆发性、力量、柔韧性、耐力）。运动员的训练枯燥乏味，何况除了要锻炼身体外，还要学习格斗技巧。

　　我们曾经用一整本书来介绍针对格斗的力量训练[1]，读者朋友们可以自行参阅。在本书的第2部分中，我们为读者推荐了一些新练习，帮助格斗运动员改变力量平衡，尤其是在地面格斗中，让对手的体重不再成为障碍。对手的身体越轻，就越容易被支配。此外，由于格斗运动中的受伤风险很大，我们也重点推荐了一些预防伤病的练习。

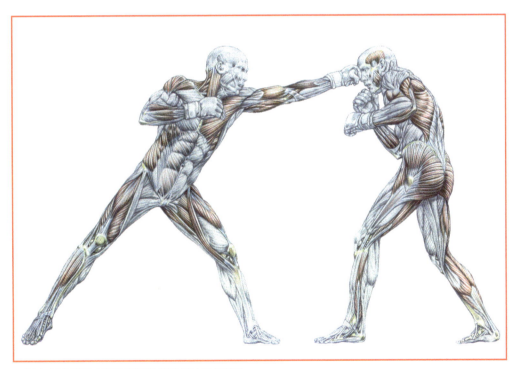

▲很少有哪种运动的受伤风险能够超过格斗运动。

预防受伤的策略

格斗运动的受伤概率非常高。统计表明，一半以上的格斗运动员在一年之内受过伤[2]。格斗运动和没有任何身体接触的运动不同，它的伤病不仅源自身体磨损，也来自肌腱和韧带所受的冲击和过度牵拉[2]。

定期进行力量训练能够增强肌肉力量，长期来看，也能够增强肌腱和韧带。短期来看，它能实现以下双重目标。

（1）养成每次练习之前，让肌肉组织充分热身的习惯，因为大部分伤病都出现在训练中，而非比赛中[2]。

（2）加快训练之间的恢复速度，这对于需要快速进行多次练习的选手而言非常重要。

这两个目标看似简单，但并不容易实现，因为肌腱和韧带中的血流速度要比肌肉中的慢。因此，我们的策略是让尽可能多的血液流到这些困难区域。我们可以使用一些阻力较小的弹力带，进行次数较多的练习（100~200次）。与这些枯燥的大量练习相比，我们更推荐一些在日常生活中就可以进行的短暂练习。

锻炼颈部和肩胛骨

颈部和肩胛骨是格斗运动中比较薄弱的部位，因为这两个部位容易被攻击，摔倒时也容易受伤。为了保护它们，必须锻炼它们周围的肌肉。

股四头肌和腘绳肌之间的不平衡

和跑步运动员一样，格斗运动员也会出现股四头肌和腘绳肌的力量不平衡的典型问题，而且腘绳肌的力量很弱。这种不平衡会导致双腿的稳定性较差，从而影响

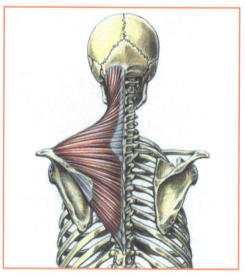

▲斜方肌的上部沿着颈部分布，就像是保护颈椎的肌肉盔甲。斜方肌的中部能够固定肩胛骨，稳定肩部。增强斜方肌的力量能够向后牵拉三角肌，改善姿态，让肱骨重新回到关节窝中（从而减小受伤风险），这能够有效减少格斗运动和所有需要使用手臂的运动（游泳或投掷运动）中的肩部疼痛。

比赛成绩。此外，它也会增大受伤风险，尤其是膝关节部位[3]。"针对格斗运动的锻炼"（第144页）一章推荐的前两项练习能够恢复这些拮抗肌的力量平衡。

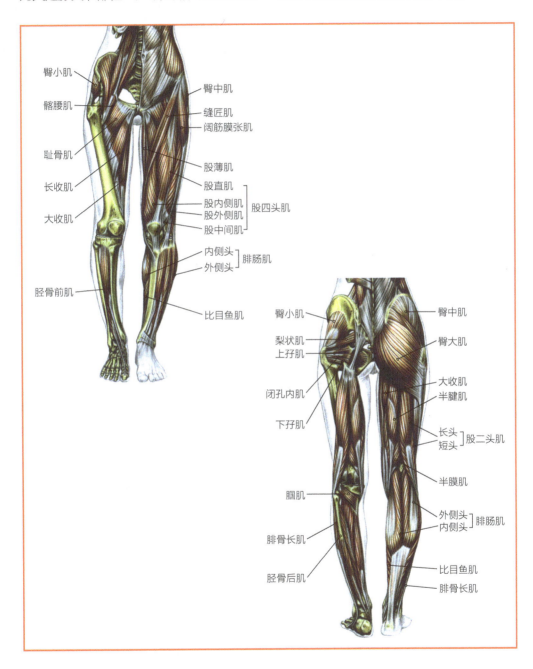

臀小肌
髂腰肌
耻骨肌
长收肌
大收肌
胫骨前肌

臀中肌
缝匠肌
阔筋膜张肌
股薄肌
股直肌
股内侧肌
股外侧肌
股中间肌
} 股四头肌
内侧头
外侧头
} 腓肠肌
比目鱼肌

臀小肌
梨状肌
上孖肌
闭孔内肌
下孖肌
腘肌
腓骨长肌
胫骨后肌

臀中肌
臀大肌
大收肌
半腱肌
长头
短头
} 股二头肌
半膜肌
外侧头
内侧头
} 腓肠肌
比目鱼肌
腓骨长肌

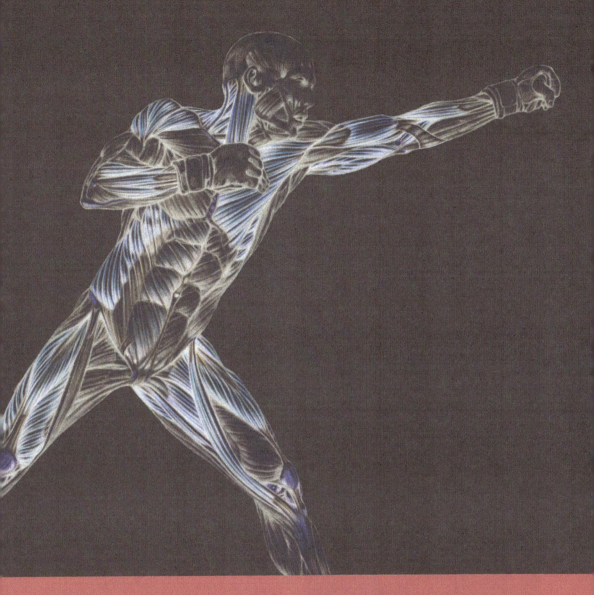

第 2 部分

针对不同运动的
特定力量训练

第8章　针对跑步运动的锻炼

强力奔跑

对运动员的益处

这项基础练习能够锻炼下身推动腿向后运动的所有肌肉。它极为真实地模拟了短跑的起跑姿态。

针对哪些运动

这项练习适合所有需要冲刺或突然开始奔跑的运动。它也适合自行车运动员，尤其是进行赛道比赛的自行车运动员。

把头伸进器械的两个靠垫之间，肩部挡在靠垫下方。双手抓紧器械，保持身体稳定。抬起一条腿，把脚放在踏板上❶。另一只脚也是同样的姿态和动作。背部保持笔直状态，一条腿用力向后蹬，另一个膝盖向前运动❷。如此进行步伐练习，直到身体疲惫。

注意

以最具爆发力的方式进行锻炼。增加一条弹力带让动作的动态特征更强。

优势

模拟跑步中大腿循环往复的不对称运动规律，这项锻炼非常符合运动时大腿的生理特征。

劣势

推动腿向后运动的肌肉能够得到充分刺激，但对辅助抬腿的肌肉的锻炼程度不够。因此，应当使用其他特定动作来锻炼后者。

背部承受的压力比跑步过程中更大。我们建议使用健身腰带，以保护腰部。

箭步蹲

对运动员的益处

箭步蹲是一项基础练习，它在许多方面与单腿深蹲类似，能够让大腿得到完整锻炼。

针对哪些运动

箭步蹲适合不同时使用两条大腿的运动员，如跑步运动员、自行车运动员、击剑运动员等。

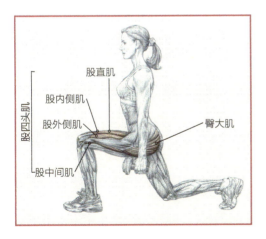

注意

站立时，双脚并拢，两腿伸直，双手放在髋部或大腿上。动作开始时，右腿向前迈一步，然后退回起始点。可以同一条腿重复练习，也可以两条腿交替练习。

优势

背部的前倾幅度越大，腘绳肌和臀肌受到的刺激越强。背部保持笔直时，股四头肌所受刺激较强。动作幅度越大，臀肌和大腿后侧肌群的锻炼程度越高。动作幅度较小时，股四头肌能够得到更好的锻炼。

为了增强耐力，你可以：

✪伸直后面那条腿；

✪双手持大负重或肩部扛大负重。

变型动作

Ⓐ 踩着健身凳，动作难度增加。

Ⓑ 前弓步，向上起身，在空中换腿，可以同时锻炼刹车能力和爆发力。除了增强加速能力以外，运动员应当利用力量训练来增强减速能力，因为减速要求使用肌肉的刹车能力或离心力量。肌肉的离心力量越强，运动员的刹车能力或减速能力越强，同时可以减少关节耗损（从而避免关节受伤），重新开始动作的速度越快，爆发力越强。

Ⓒ 除了向前的箭步蹲以外，运动员也可以做侧身箭步蹲，这样可以锻炼那些需要身体侧向移动的运动所使用的肌肉，如球类运动、球拍类运动或武术。

Ⓓ 为了增加侧身箭步蹲的阻力，髋部周围可以绑一条弹力带，把弹力带两端固定在侧面的某个定点，定点高度是腿长的一半。

Ⓔ 使用健身助力机能够改变这项练习的阻力程度。

优势

箭步蹲能够让大腿得到充分而完整的锻炼，在家中或训练场所都可以进行，对器械基本没有要求。它的动作剧烈程度低于深蹲或地面硬拉，对脊柱的挤压程度更小。

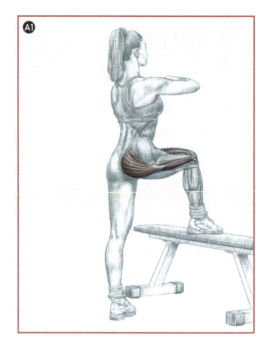

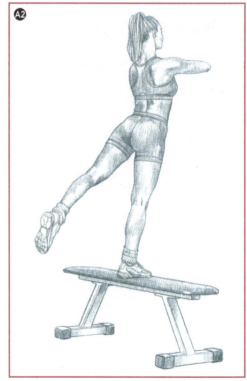

 危险

　　膝盖向前超出脚尖的幅度越大，膝关节受到的刺激越强烈。身体回落到地面时，动作要轻，使用小腿作为缓冲，保护好自己的膝盖。

　　注意保持身体平衡，尤其当肌肉开始感觉疲劳时。

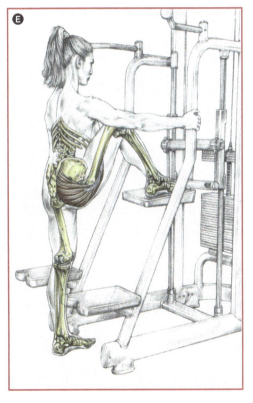

对运动员的益处

这项基础练习针对的是整个大腿，但我们也可以改变脚的位置和姿态，从一个新的角度来刺激臀肌和腘绳肌。

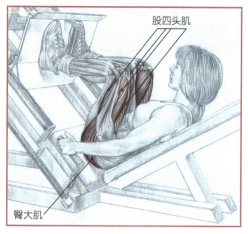

股四头肌

臀大肌

▲经典姿态的45度蹬腿。

针对哪些运动

导致腘绳肌上部受到强烈刺激的所有运动，这些运动导致肌肉撕裂的风险较大，如跑步。

■ **垂直蹬腿**

躺在器械靠背上，腰部保持稳定。先后抬起两条腿，把脚放在移动踏板上❶。身体稳定之后，打开安全阀，让踏板下降。当股四头肌即将触碰到上身时❷，将两腿伸直，然后重复动作。垂直蹬腿比其他蹬腿动作更能锻炼腘绳肌和臀肌。

■ 水平蹬腿或45度蹬腿

在45度蹬腿动作中，双脚的高位姿态能够达到垂直蹬腿对肌肉的锻炼效果。让座位与双脚所踩的踏板平行。把双脚放在踏板尽可能靠上的位置，以抬起双脚时没有不适感为宜。打开安全阀，让踏板慢慢下降。当股四头肌触碰到上身时❶，两腿前蹬至伸直❷，然后重复动作。

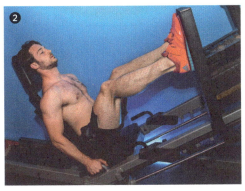

仔细观察

两脚的间距越大，两腿碰触上身之前的下降幅度越大，这能够让大腿后侧肌群和内收肌得到更好的牵拉。

窍门

某些蹬腿动作能够让运动员将两条腿分开锻炼，这样能够模拟跑步的效果。水平蹬腿通常是这种情况。

注意

动作开始时，大腿下降速度要适中，让腘绳肌慢慢产生较强的牵拉感。随着练习的深入，可以逐渐加大踏板的下降幅度，但不要增加重量。

优势

双脚处于高位时，蹬腿动作能够形成一个独一无二的角度，仅仅这一个动作就可以锻炼两条大腿。它能够重点锻炼臀肌和腘绳肌（尤其是后者），满足跑步运动员的需求。

⚠ 危险

背部弯曲越明显，动作幅度越大，肌肉收缩感越强，但腰椎间盘有可能因此受伤。

反向腿弯举、剃刀弯举和腘绳肌离心牵拉

对运动员的益处

☺这3种练习是需要使用身体重量的动作，它们的基础形态相同，所以看起来相似：双脚被卡在阻力滚垫下，成为动作的支撑点和杠杆支点，上身在腘绳肌的作用下抬起。这3种练习能够锻炼这一组肌群，尤其能够预防受伤。

☺腘绳肌离心牵拉是一种单关节动作，只动用膝关节；剃刀弯举和反向腿弯举则是双关节动作，它们需要调动髋关节和膝关节。你可以先从最简单的反向腿弯举开始，然后进阶到难度更大的剃刀弯举和腘绳肌离心牵拉。

针对哪些运动

所有需要奔跑和跳跃的运动。

■ 反向腿弯举

身体呈跪姿，双脚的跟腱部位固定在腿弯举器的阻力滚垫下，双手抱胸，身体前倾，直到上身与地面近乎垂直❶。脚尖和腘绳肌、臀肌和腰部肌肉同时用力，抬起上身，直到与地面垂直，和双腿形成一条直线。然后，膝关节弯曲，让大腿后侧与背部和小腿成接近90度❷。注意不要形成完整的直角，否则无法让肌肉持续发力。上身不需要暂停，再次下降到最低位置。如果刚开始时，这项练习的难度太大，你可以把双手放在凳子上作为支撑，降低动作难度。

注意

因混合健身体系（cross-fit）被推广，腿弯举训练凳在体育场馆中越来越常见，运动员可以进行越来越多的新练习。腿弯举器有以下优势。

☺ 运动员可以用它们做反向腿弯举、剃刀弯举或腘绳肌离心牵拉等练习。此外，上身与地面垂直时，动作幅度更大，对腘绳肌的刺激和牵拉更明显。我们在前文中已经提到，在力量训练中进行的牵拉能够有效地预防腘绳肌撕裂。

☺ 使用腿弯举器能够让两脚间距更大。这样的间距更符合运动员从事的体育项目的要求（直线赛跑时双脚间距较小，进行需要侧移的运动时双脚间距较大）。如果运动员需要这两种间距，可以先做一组窄距练习，然后做一组宽距练习，交替进行。

☺ 腿弯举器不仅可以固定双脚的跟腱部位，也可以让小腿发力。双脚无法踩到固定的器械时，腘绳肌可以单独用力，但你会耗费许多力气。单独针对大腿后侧肌群的孤立练习，如腿弯举，无法让脚尖用力。即便在地面抓举过程中，小腿也难以发力。脚尖发力可以节省力气，这是反向腿弯举的一个特点，我们应当将其充分利用，因为它涉及跑步过程中会收缩的一系列肌肉。

⚠ **注意！**

腿弯举器的调整非常重要，因为它可以彻底改变动作的难度。与你的力量最匹配的调整效果最佳。

■ 与双脚相比，膝盖的位置越靠下，动作越容易。膝盖和双脚平行、小腿与地面平行时，动作难度更大。

■ 脚部的阻力滚垫与斜坡垫的距离越远，膝关节屈曲下降的幅度越大，这有利于上身的抬起。相反，阻力滚垫与斜坡垫的距离越近，膝关节屈曲下降的幅度越小，运动员就无法利用身体翻转产生的力量来抬起上身，腘绳肌受刺激的程度就比较大。

■ 剃刀弯举

身体呈跪姿，双脚的跟腱部位固定在腹肌板、背阔肌下拉器座位或腿弯举器的阻力滚垫下，可能的话，双手抱胸 ❶。上身慢慢向前运动，膝关节和髋关节慢慢伸展，让背部呈一条直线 ❷。动作开始时，臀部不要离小腿太远，因为上身越向前伸，动作难度越大。等到你的身体有了足够的力量后，可以让上身向前伸至与地面平行，然后利用大腿后侧的力量抬起上身。

注意

这个动作比下一个动作容易得多，因为腘绳肌是一种多关节肌。腘绳肌离心牵拉会导致肌肉两端收缩，但在剃刀弯举的正向阶段，大腿后侧肌肉会在膝关节部位收缩，髋部肌肉得到牵拉，负向阶段则相反。这会让肌肉获得更多力量[1]。

■ 腘绳肌离心牵拉

　　身体呈跪姿，双脚的跟腱部位固定在腹肌板、背阔肌下拉器座位或腿弯举训练凳的阻力滚垫下，双手握拳抱胸，大腿与小腿成直角，让大腿与背部成一条直线❶。身体前倾时，背部与大腿要保持成直线，刚开始时，可以向前倾几厘米，然后逐渐增加❷。等到你的身体有了足够的力量后，可以让手靠近地面，然后借助大腿后侧肌群的力量让身体抬起。

仔细观察

　　手臂的位置在很大程度上能够影响动作的难度。手臂摆放在身体两侧会降低动作难度；双手交叉放在头后，甚至手持大负重放在头后，会让难度大幅增加。

　　注意在膝盖下面放上斜坡垫，有利于身体抬起。动作要循序渐进，小心谨慎。要注意自己的体重，因为体重超过一定限制后，你就没有足够的力量来抬起身体。在这种情况下，你可以用双手触地辅助发力。如果大腿的力量不够，你可以在身体处于最低位置时，用双手发力，让身体抬起。

变型动作

A 如果没有设备或在运动场上，同伴可以代替腿弯举器，辅助按压脚踝。

B 如果腿弯举训练凳比较矮，在必要时，手臂可以触碰地面辅助发力。

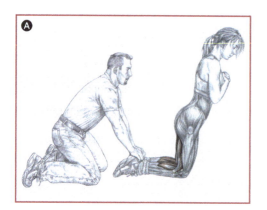

优势

在做这些练习时，你可以只做下降动作，只选择动作的负向阶段，目的是锻炼腘绳肌、预防伤病，或者将其作为肌肉撕裂之后的复健练习。如果你想避免动作的正向阶段或者认为这个阶段难度太大，可以在抬起身体时使用双手。你可以选择上身在负向阶段的下降程度。如果你的身体有伤或力量水平较低，开始时动作和牵拉的幅度可以小一些，在后续的练习过程中，逐渐加大幅度。

劣势

如果没有腿弯举训练凳，膝关节下方必须有一个填充饱满的斜坡垫，因为这个动作会让髌骨承受很大压力。

⚠ 危险

刚开始做动作时，一定要小心谨慎，循序渐进。不要忽视自己的体重。确保脚踝稳稳地固定在阻力滚垫下，或者被伙伴紧紧按住，否则会发生事故！

绳索髋屈伸

对运动员的益处

这项练习能够调动髋关节，膝关节也可以得到一定锻炼。它针对的是许多肌群，如腘绳肌、臀肌和背肌。这项练习的目标是让腘绳肌习惯高强度压力下的牵拉，尽量减少这个部位经常出现的肌肉撕裂。

针对哪些运动

所有需要奔跑的运动，因为这项练习能够增强大腿后侧肌肉的力量，尤其是后侧上部。

把带手柄的滑轮调至低位，站在滑轮前，背对钢索机站立，双手抓住手柄（图中未显示手柄，模特仅做了动作示范）。向前迈一步，甚至更远一些，让上身在下降时不会碰到器械上的大负重。两腿间距至少与肩同宽。在大腿后侧肌肉允许的范围之内，上身缓慢前倾❶。上身前倾至低位之后，慢慢抬起❷。在理想情况下，身体保持微微前倾的姿态，绝对不要和地面形成直角。

变型动作

A 做这个动作时，双腿可以完全伸直，或者微微弯曲。在牵拉阶段，你也可以下蹲，让大小腿形成一个近乎直角的角度；在收缩阶段，双腿逐渐伸直，这会改变腘绳肌的牵拉程度和用力结构。

B 如果没有滑轮，固定在身后某个低位定点的弹力带也可以产生阻力。

C 做这个动作时可以用哑铃取代滑轮。

D 你可以使用壶铃。在这种情况下，用一只手或者两只手尽量向上举，手臂伸直，然后摆动壶铃（如果一次只用一条手臂，那么两次动作之间不要休息）。这是一种运动调节动作，每组可以做许多次（至少20次），它可以锻炼力量和耐力，不需要传统锻炼中的大重量。腰部肌肉和背部肌肉在这个动作中的参与度高于其他变型动作，这对于排球、网球、格斗等运动很有利。

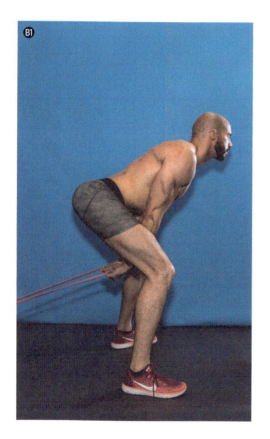

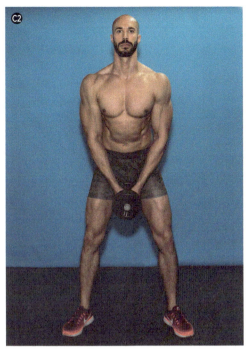

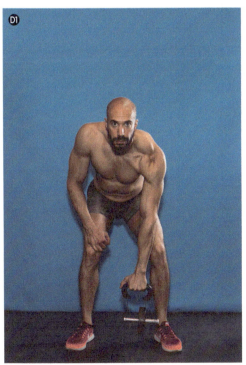

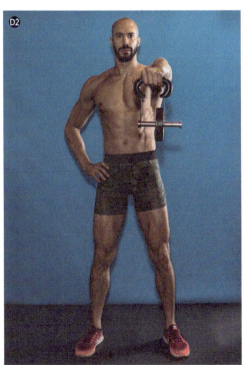

仔细观察

你可以改变动作所涉及的各个肌群的参与度。根据你在练习中是否需要主动收紧臀部，臀肌的参与度有所不同。

身体前倾幅度越小，腰部肌肉而非腘绳肌的压力越大。身体的牵拉幅度越大，腘绳肌的参与度越高。

注意

双腿间距越大，上身越容易向前倾斜，动作的幅度也越大。你也可以调整双脚的间距，从而改变肌肉的参与度。

优势

这是一项在力量训练开始之前的热身练习，效果非常好。虽然这项练习会让腰部承受一定压力，但它导致的腰椎间盘的挤压程度绝对比不上地面硬拉。

劣势

滑轮连接的重量超过一定限度之后，你的身体会难以保持稳定，因为滑轮会向后拉拽你的身体。除了身体的力量以外，稳定性也会限制你能够使用的重量。在这种情况下，最好使用较轻的重量，以增加锻炼次数。

⚠ 危险

和地面硬拉一样，背部弯曲时身体的力量要强于背部笔直时身体的力量。但这种姿态也会让腰椎间盘承受更大的风险。所以尽量让脊柱保持笔直，哪怕上身的前倾幅度会减小一些。

腿弯举

对运动员的益处

这些孤立练习能够调动腘绳肌，尤其是膝关节附近的腘绳肌下部。

针对哪些运动

所有需要奔跑或跳跃的运动。

选择好重量，然后坐在或趴在器械上。脚踝放在阻力滚垫下。双脚借用腘绳肌的力量向臀部运动，然后回到牵拉姿态。

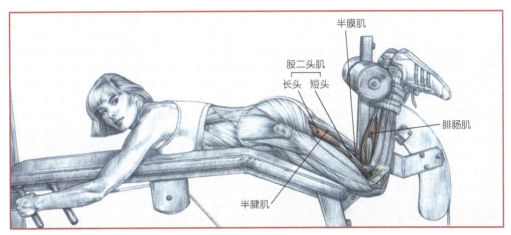

半膜肌

股二头肌
长头　短头

腓肠肌

半腱肌

▲卧姿腿弯举。

腓肠肌
半膜肌
短头　　股二头肌
长头
半腱肌

▲坐姿腿弯举。

变型动作

🅐 某些器械可以用来进行坐姿腿弯举，这更符合短跑运动员的肌肉锻炼角度。然而，坐姿腿弯举对膝关节的十字韧带造成的压力较大。对这个部位施加不常见的压力有助于增强肌肉力量，但锻炼时，如果十字韧带已经疲惫或受伤，就要停止该动作，防止伤情加剧。

🅑 站姿腿弯举也是存在的。对运动员而言，这种动作唯一的好处是能够在受伤的情况下，毫无难度地进行单腿练习。

🅒 如果没有器械，利用固定在低位定点的弹力带也可以进行相关练习。这种替代方式可以在体育场上使用，为腘绳肌热身，在跑步前让膝关节十字韧带做好准备。同样，这种练习也可以做多组，这是一种效果良好的恢复方式。

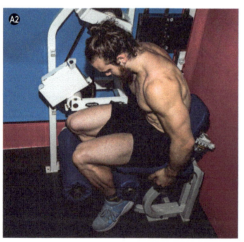

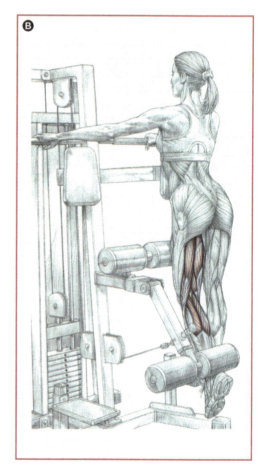

窍门

　　脚尖向小腿靠近时，身体力量会增强，小腿前侧也可以得到锻炼。然而，如果胫骨前肌产生疼痛感，尽量让脚尖沿着胫骨轴线用力，避免让这块肌肉参与运动。

⚠️ 危险

　　背部弯曲时，身体的力量可以增强，但腰椎间盘会受到挤压。

优势

　　身体力量较弱，则腘绳肌下部容易受伤，因此这个动作就更加重要了。它也可以调动腘肌这块很难被锻炼到的肌肉。

劣势

　　如果压力集中在大腿后侧，而非整条大腿上，膝关节会受到很强的刺激，这有可能加重已有的伤情。

抬　腿

对运动员的益处

　　这项基础练习特别针对的是股直肌、阔筋膜张肌、腹肌和腰大肌。小腿越粗壮、大腿越沉，这项练习就越重要，因为它能够锻炼跑步、跳跃或踢球所需要的肌肉。

针对哪些运动

　　这项练习对短跑、跳高、跳远等运动，甚至所有需要奔跑的运动都非常重要。

　　身体站立，调整器械，让阻力滚垫来到一侧膝关节上方❶。以面前的支架作为支撑，让该侧大腿尽量向上抬起❷，同时收腹，使用腹肌的力量。腿抬到高位之后，下降到起始点，然后重复动作。一条腿的练习结束之后，立刻换另一条腿练习。

变型动作

 如果身边没有器械,无论是在家中训练还是在场地热身,哑铃垫片、哑铃或弹力带都可以产生阻力。

 也可以进行坐姿抬腿练习,这样可以模拟自行车运动员的运动姿态和幅度。

 如果不在膝关节轴线上抬腿,你也可以通过旋转髋部,让脚踝靠近另一条腿的股四头肌中部。这可以锻炼缝匠肌,这块肌肉在传球动作中发挥着重要作用。

优势

在场地上,如果你的膝盖疼痛或者在训练前无法让膝盖热身,可以做几组抬腿动作。

劣势

单侧锻炼是必需的,但这会浪费时间。不过,如果两条腿的锻炼之间没有休息时间,你的耐力也会得到增强。

⚠ 危险

腿的位置较低时,腰部不要弯曲。

站姿提踵

对运动员的益处

这项孤立练习针对的是整个小腿和脚底肌肉。强壮结实的小腿能够提高短跑运动员的速度[2]。研究表明，为期12周的针对小腿的离心力量训练让跟腱的结实程度提高了82%，肌肉力量增加了49%[3]。

针对哪些运动

所有需要双腿进行移动的运动。

双脚平放在地面、健身板或器械的地面横梁上。脚尖用力，身体尽量向上，然后下降，重复动作。

窍门

使用带有护腰带的深蹲类型的器械能够避免挤压腰部。

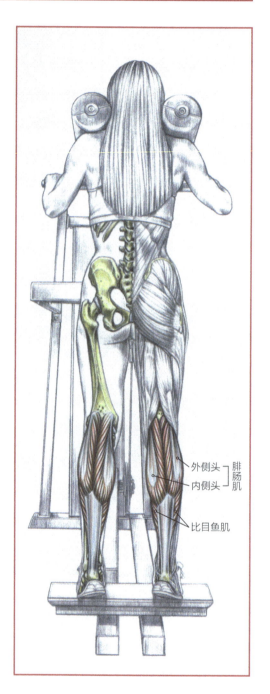

外侧头 ⎤ 腓
内侧头 ⎦ 肠肌

比目鱼肌

仔细观察

利用你认为最自然的双腿间距和双脚方向。

变型动作

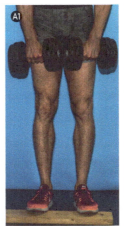 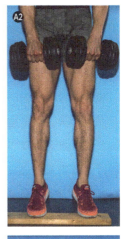

Ⓐ 没有器械时，为了增加练习的阻力，可以单手或双手握哑铃。

Ⓑ 脚尖下踩弹力带，用双手向上拉。弹力带可以用作压载物，赛场热身或训练后恢复都可以使用。

Ⓒ 你可以呈坐姿使用器械来锻炼小腿。

Ⓓ 处于下蹲状态的身体也可以做这个动作。在双腿折叠的状态下做这个动作，小腿的锻炼强度仅有正常状态的10%；在站立状态下做这个动作能够让小腿获得更充分的锻炼。

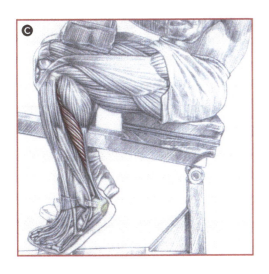

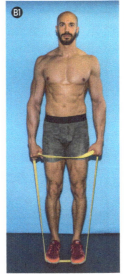 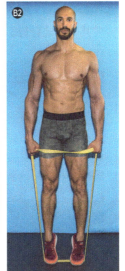

 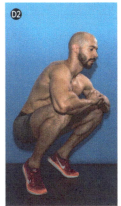

在力量训练动作中，是否应让小腿的运动达到最大幅度

在针对小腿的力量训练中，脚尖通常放在器械的地面横梁上，这样脚跟可以尽量向下（左边照片）。这样可以牵拉小腿，加大动作幅度。健美运动员使用这种方法来尽可能增加小腿肌肉的体积，但是对其他运动员而言，这不一定是好事。实际上，小腿肌肉体积越大，重量越沉，抬腿时消耗的能量越多，这对跑步运动员来说是极其不利的[4]。

小腿对肌腱的依赖越强，动作的低位牵拉效果越差。所以，跑步运动员在开始这个动作时最好站在地面或者厚度不超过两厘米的木板上（右边照片）。研究表明，优秀的短跑运动员的脚踝灵活性比其他人要差。这种不灵活的脚踝会增大受伤风险，但它却能让小腿有更好的弹性势能恢复能力，这既可以节约能量，也可以增加力量。对其他运动而言，运动员应当根据项目的要求，对牵拉进行调整。例如，自行车运动员，尤其是场地自行车运动员，对小腿的牵拉程度要更大一些。

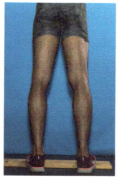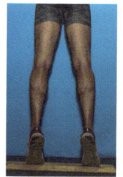

优势

这项练习能够直接锻炼整个小腿，它不需要沉重的器材，随时随地都可以进行。在开始体育训练前，最好对跟腱进行热身。

劣势

如果你的小腿天生就比较粗，不要过度进行这项练习。进行单组的重量练习即可，频率也不需要太高。

⚠ 危险

如果你增加重量，会对脊柱产生压力。

抓毛毯

对运动员的益处

锻炼或热身足底肌肉，防止出现严重影响走路的疼痛[6]。

针对哪些运动

所有使用双脚移动的运动。

坐姿，双脚平放在一条宽大的毛毯上❶，脚趾蜷曲，将毛毯抓起❷。毛毯被完全抓起后，脚趾放松，以此来锻炼足底伸肌。练习完成后将毛毯恢复平整。

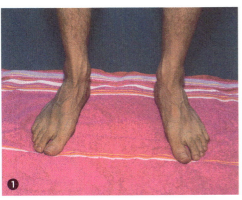

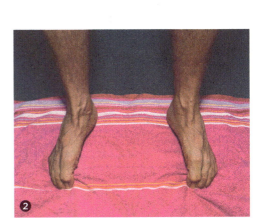

仔细观察

经过几次练习之后，你的肌肉控制能力会得到大幅改善。你甚至可以在运动场上做这项练习，脚趾在鞋子里蜷曲20~30次。冬天，如果你天生容易双脚冰凉，你也可以通过这项练习，让冰冷的肌肉温暖起来，然后再开始训练。

变型动作

站姿练习的难度会加大，因为体重会大幅增加双脚承受的压力。

注意

这只是一项热身练习，所以要适可而止，不要让肌肉产生疲惫感。

优势

这是一项很好的孤立练习，而且可以调整阻力，即便脚部有微微疼痛，也可以进行。

劣势

如果疼痛比较剧烈，这项练习的效果就大打折扣了。

⚠ 危险

这项练习不要做太多，过犹不及，尤其是在两次体育训练之间，足底肌肉不太容易恢复时。

窍门

锻炼足底肌肉可以从这项练习开始。一旦肌肉疲惫了，可以接着进行一些足部伸展练习（参见第86页及后续内容），以快速增强肌肉力量。

如果练习之后足底肌肉出现剧烈挛缩，可以用筋膜球对其进行按摩。

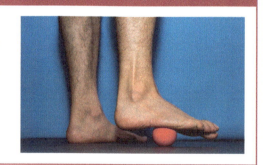

足尖抬起

对运动员的益处

这项练习是一项孤立练习，能够锻炼胫骨前肌。运动员时常在小腿前侧出现疼痛时，才发现应重视这块肌肉。

针对哪些运动

所有可能导致骨筋膜隔室综合征的运动。无论对于格斗、自行车运动，还是足球运动中的射门和传球，强壮的胫骨前肌都极其重要。

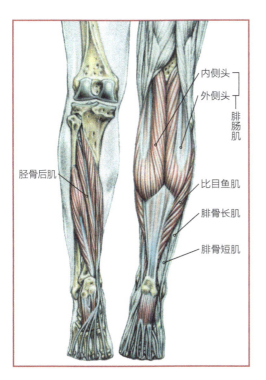

坐在凳子或椅子上，脚跟着地，右脚尖朝上。轻轻把左脚放在右脚尖上，作为阻力来源。胫骨前肌发力，左脚施加压力，右脚尖慢慢下降。足底触地后，左脚尖朝上，右脚放在左脚尖上，重复同样的练习。

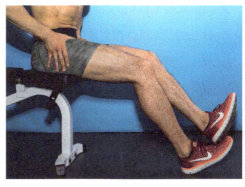

窍门

如果胫骨前肌出现较为严重的挛缩，最好用筋膜球进行按摩，使其放松，不要勉强练习。

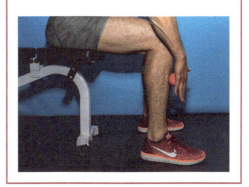

仔细观察

出于上述原因，针对胫骨前肌只能进行离心练习，但是如果你认为有必要，也可进行传统练习。

变型动作

🅐 你可以不同程度地伸展或弯曲双腿，从不同的角度刺激肌肉。

🅑 站姿，脚跟踩在支撑物或者路沿上，抬起脚尖。脚跟下面有支撑物能够加大动作的幅度和难度。这项练习可以作为训练前热身。

优势

这项练习不需要任何器材，可以在家中练习。

劣势

这项练习的动作必须缓慢，动作幅度要受到严格控制。我们不建议进行任何爆发性的动作。

⚠ 危险

如果你感觉这项练习没有让问题减轻，反而加重了，就不要再做。

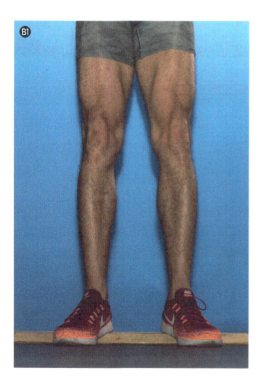

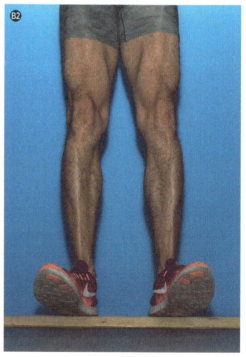

第9章 针对球类集体运动的锻炼

踩毛毯髋部旋转肌热身

对运动员的益处

✪ 让髋部旋转肌得到热身，提高体育成绩，减小下肢受伤风险。

✪ 运动过程中直线运动所占比重越低，这项热身练习越重要。

针对哪些运动

所有需要借助双腿进行移动的运动。

把一条毛毯放在地面上，地面越光滑越好。例如，沥青路优于草地，塑胶地面、方砖地面或木地板地面比铺地毯的地面要好。毛毯要平铺在地面上，但两脚之间要有些皱褶，这样双脚移动时，不会过度拉扯毛毯。

站在毛毯上，双脚分开，脚尖相对，两脚不要碰到。利用髋部旋转肌的力量，让两脚尖向外运动❶。向外达到最大幅度之后，再让两脚尖向内运动❷。重复练习，中间不要休息。

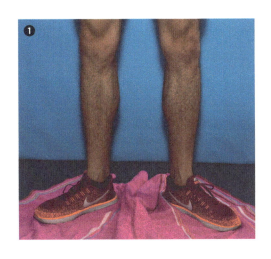

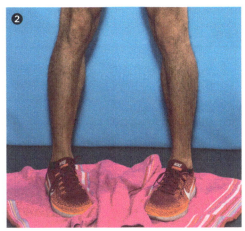

双手放在臀部，更好地感受旋转肌的锻炼过程。做练习时，要感受肌肉的热身效果，但以不出现疲劳感为宜。如果一组练习不够，可以做第二组，目的同样是让肌肉温度升高，而不是让它疲惫。如果在热身前出现疲劳感，每组练习（10~20次）之间可以休息10~20秒。

如果环境允许，做练习时可以不穿鞋。如此一来，你可以在热身前后，锻炼足底肌肉，如用脚趾力量去抓毛毯（参见"抓毛毯"，第89页）。

变型动作

如果采用站姿练习难度太大，或者身体出现疼痛，你可以采用坐姿进行同样的练习。

注意

做这些旋转练习时，动作要慢，要控制动作幅度。如果双脚打滑，间距慢慢变大，要赶快缩小间距。

优势

这项练习只要求光滑的地面和一条毛毯，它几乎可以在训练前的任何地点进行。它可以在短期内提高体育成绩，从长期来看，它也可以最大限度地降低受伤风险。

劣势

这项练习可以和其他更传统的热身练习共同进行，但不能取代它们。务必注意右侧大腿的旋转幅度有可能与左侧大腿不同。让身体做决定，不要强求两侧的运动幅度相同。

⚠ 危险

这个动作的幅度不要太大，否则膝关节会承受过重的压力。动作幅度小一些，次数多一些。

毛毯和地面的摩擦力越大，膝关节受伤的风险越大，所以最好使用光滑的地面，一组可以做100~150次，在粗糙的地面上你能做的练习次数会少很多。

大腿外展

对运动员的益处

锻炼臀大肌和臀中肌。

针对哪些运动

所有需要借助双腿进行移动的运动。

坐在器械上，双腿放在器械挡板内侧
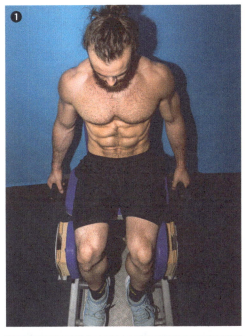。使用臀肌发力，用双腿将器械慢慢推
开，幅度尽量大 ❷。回到起始位置，双腿
微微触碰即可，然后重新开始。

窍门

某些器械可以让双腿以伸直的姿态
进行锻炼，还有一些器械可以让双腿弯
曲到90度。后者对双腿的锻炼力度强于
前者。

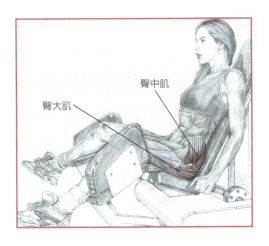

臀中肌

臀大肌

变型动作

Ⓐ 除了坐在器械上，你也能以近乎站立的姿态进行锻炼，就像等待回球的网球运动员的姿态一样。如果这种姿态与你的运动项目相符，你可以选择以这种方式锻炼，否则没有必要。

Ⓑ 如果没有器械，在运动场或家里热身时，你可以在双腿膝关节周围缠一条弹力带，坐在地上做这个动作。

Ⓒ 如果没有弹力带，你可以用双手向内推膝盖，从而获得阻力。

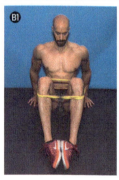
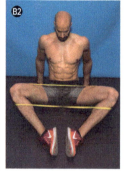

优势

这项练习可以锻炼一些常常被忽略的重要肌肉。

劣势

双腿分开的程度并不是无限的。一些运动员可以从幅度较大的动作中受益良多，另一些则不行。这个动作并非仅依赖于上身的灵活性，骨盆的骨骼形态也是重要的决定因素。

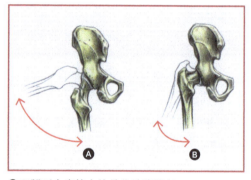

Ⓐ 双腿开合度较大的骨盆骨骼形态。
Ⓑ 双腿开合度受限的骨盆骨骼形态。

⚠ 危险

不要试图突破骨骼形态造成的天然限制，否则会对髋关节造成伤害。

髋部外旋

对运动员的益处

这项孤立练习针对的是股骨外旋涉及的所有肌肉。

针对哪些运动

所有需要借助双腿进行移动的运动。

锻炼外旋肌可以使用腿外展器。不过，除了一般的面朝前练习之外，我们可以进行背朝前的练习。跪在座位上，上身保持笔直，微微前倾，让大腿和小腿成直角。保持这种跪姿，双脚放在挡板内侧❶，通常与挡板接触的是小腿外侧。双手抓住座位靠背，保持身体稳定。利用旋转的股骨发力，而不是双脚的外侧，小腿逐渐分开❷。旋转达到最大幅度之后，保持姿态1~2秒，然后双脚慢慢合拢。

注意

这项练习能够让我们感受到旋转肌的存在及其重要性。如果旋转肌锻炼到位，每走一步都能感受到它们。

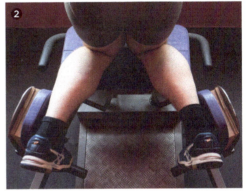

仔细观察

刚开始的动作比较轻微（通常只使用一块挡板），避免小腿肌肉影响外旋肌的锻炼。动作的目的是让股骨以尽可能大的幅度旋转。每组练习的次数要多，动作要慢。

变型动作

如果没有器械，在运动场或家里热身时，你可以在脚踝处缠一条弹力带，跪在一条健身毛毯上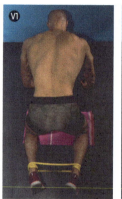。小腿慢慢张开，不要借助双脚外侧的力量。

优势

你可以立刻发现臀肌位置有一种奇怪的感觉，因为你积极主动地锻炼了平时最常被忽略的肌群。

劣势

重量增加时，锻炼的重点就转移到了其他肌群上，如小腿肌肉。

⚠ 危险

刚开始做这项练习时，动作必须要简单少量，不要超过一组或两组，因为被锻炼的肌肉比较薄弱，不习惯高强度的锻炼。

这项练习的动作幅度不要太大。小腿的旋转角度能达到45度就已经很好了。

髋部内旋

对运动员的益处

这项孤立练习针对股骨内旋涉及的所有肌肉。

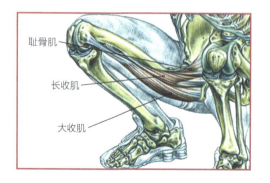

耻骨肌
长收肌
大收肌

针对哪些运动

所有需要借助双腿进行移动的运动。这个动作对需要踢球的足球运动员而言尤为重要。实际上，射门需要的肌肉更容易给另一侧身体（非承重腿一侧）带来疲劳。对业余足球运动员来说，进行同样的疲劳测试之后，非承重腿的疲劳速度是承重腿（主腿）的2~3倍[1]。力量训练必须尽量恢复身体的平衡。

为了对内旋肌进行孤立练习，我们要把腿内收器械反过来用。我们要面朝座位靠背，双腿跪在座位上。上身保持笔直，微微前倾，让大腿和小腿成直角。保持这种跪姿，双脚放在挡板外侧❶，通常与挡板接触的是小腿内侧。双手抓住座位靠背，保持身体稳定。利用旋转的股骨发力，而不是内收肌，小腿逐渐夹紧❷。保持姿态1~2秒，然后双脚慢慢松开，但无须达到最大旋转幅度。

优势

这项练习能够增强力量训练中常被忽视的肌肉的力量。

仔细观察

刚开始的动作比较轻微（通常使用一块挡板），防止内收肌影响内旋肌的锻炼。动作的目的是让股骨以尽可能大的幅度旋转，而不是增加重量，但旋转幅度也无须太大。

劣势

没有器械很难做这项练习。

⚠ 危险

除非器械扶手间距可以调整，否则必须注意在动作负向阶段或者跪在器械上时，不要过度牵拉旋转肌。避免过度牵拉是第一要求。

第10章 针对高尔夫球和旋转运动的锻炼

坐姿骨盆旋转

对运动员的益处

✪ 增强骨盆运动所需要的下背部的支撑肌肉的力量，如斜肌、腰大肌、腰方肌和背部深层肌肉。

✪ 为腰部热身，预防下背部出现问题，在训练前把影响运动的疼痛最小化。

针对哪些运动

所有需要骨盆旋转的运动，如游泳、高尔夫球、投掷类运动和限制侧面动作的运动（跑步）。

坐在抗力球上，背部保持笔直，大小腿成直角，双脚平放在地面上，施加的压力越小越好。把身体压向臀部左侧，上身保持笔直❶。保持姿态1分钟之后，利用运动骨盆的肌肉的力量，把体重转移到臀部右侧❷。做这个动作时，速度要慢，把控整体，循序渐进，慢慢加大转动幅度。

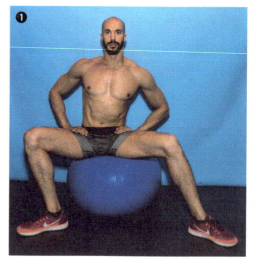

　　上身必须保持笔直，肩部不能摆动，因为动作要从骨盆发出。你可以想象有一本书放在头顶，在做动作的过程中，书不能掉下来。你也可以把双手放在下背部，感受腰部的水平移动。

注意

　　该练习作为力量训练或体育运动开始前的热身练习时，肌肉只要稍有疲惫就必须停下来。在训练结束时，练习的次数尽可能多，直到肌肉由于疲惫而无法做出反应。在这两种情况下，做一组就够了。

变型动作

　　这项练习要花一点时间来学习，主要分为以下几步。

✪为了在骨盆旋转时上身不移动、大腿不发力，动作开始时双腿必须保持一定的距离，双手扶着抗力球，让上身保持稳定。

✪如果你感觉到臀肌在收缩，上身可以微微前倾，减少臀部发力。

✪双腿夹得越紧，练习越难（肌肉越缺少力量和控制力，身体越容易晃动）。

✪用双手让身体保持在一个稳定的平面上，

你可以抬起腿，避免大腿发力。但你不能借助手臂的力量，要集中锻炼下背部肌肉。

✪如果没有抗力球，任何柔软的表面都可以发挥作用，如床或长沙发。表面越软，运动幅度越大，练习效果越好。腰部力量较弱的人甚至可以在汽车座位上做这个热身练习。

优势

　　这项练习的目的不是让我们成为平衡行家，而是针对那些传统锻炼中经常被忽视的肌肉。这些不常被锻炼的肌肉可能导致腰部容易疲劳，甚至背部疼痛。

劣势

　　这个动作看似简单，但其实很难做得对或做得好，而且很容易导致锻炼目标以外的肌肉参与动作。

⚠ 危险

　　我们建议在球下面放一个底座，防止它到处乱跑，也防止锻炼者摔倒。

　　作为热身练习，这个动作可能会导致些许的腰部疼痛，影响训练。但是，如果疼痛太过剧烈，我们建议休息，不要再练。

弹力带站姿上身转体

对运动员的益处

让上身旋转所需的所有肌肉得到热身和增强。

针对哪些运动

要求上身旋转的运动，也就是几乎所有运动。

把一条弹力带固定在与肘部同高的定点上。身体站立，双手抓住身体右边的弹力带，手臂弯曲。向侧面迈出一步，离开弹力带固定点❶。身体与固定点的距离以及弹力带的力量决定了肌肉要面对的阻力大小。所以改变身体与固定点的距离就可以调整阻力。双腿分开，让身体保持稳定，然后从右向左旋转❷。你的右肩可以作为旋转的中轴。上身旋转幅度不超过45度。保持姿态1~2秒，然后慢慢回到初始姿态。左侧锻炼完后，换右侧锻炼。

仔细观察

开始做这个动作时，上身要和双腿保持在一条线上。

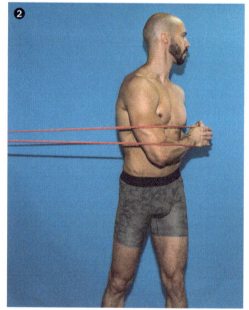

变型动作

■ 侧面转体

Ⓐ 熟悉了基本动作之后，你可以开始向前下方转体，就像挥杆一样。把弹力带的固定点向上调整到头部高度，先用弯曲的手臂拉弹力带，然后手臂伸直。抓弹力带的方式就好像抓高尔夫球杆。在这种姿态下，下背部要习惯保持笔直，不要弯腰或驼背，否则会增大受伤风险。固定点逐渐调高，动作幅度逐渐增大。想要达到动作的最大幅度，身体也要逐渐远离固定点。

Ⓑ 如果没有器材，也可以躺在地面上，手臂与身体形成十字状，然后转体。双腿弯曲，大腿与上身成直角。然后，膝盖向

右倾斜，随后向左倾斜。腿伸得越直，练习难度越大。

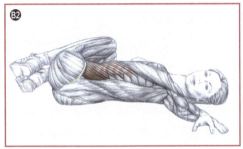

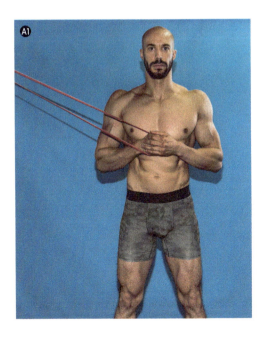

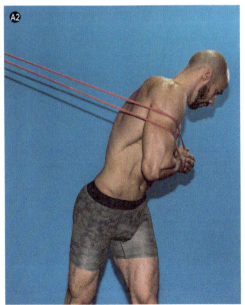

■ 反旋转

ⓒ 身体站立，手臂伸直，弹力带不要松开。随后慢慢小步移动，逐渐加大弹力带的阻力。当你感觉弹力带的张力几乎要对身体产生危害时，双脚站定，保持姿态十几秒，然后回到初始点。随后用身体的另一侧重复练习。动作开始时，手臂要和地面垂直。为了增加练习难度，从不同的收缩幅度来锻炼肌肉，你可以调整手臂与地面的角度。但一旦选定姿态之后，身体就不要被弹力带随意支配，上身和手臂都不能摆动，只有脚在移动。

ⓓ 身体不要移动，手臂逐渐向前伸直，拉直弹力带。然后让手回到胸前，腰部不要产生运动。

ⓔ 对于双腿旋转，上身躺在地上，膝盖不要一直移动，当它们移动到朝向地面时，就锁定不动。尽可能长时间保持这个姿态。如果练习太简单，双腿可以略微弯曲，以增加难度。身体一侧保持姿态直到疲倦，然后换另一侧。

注意

初始阶段，旋转练习要慢慢来，动作幅度不要太大，也就是上身不要过度牵拉。锻炼获得的力量很快就能在体育成绩中表现出来。

在第二阶段，一个月的定期训练之后，身体能够感受到锻炼带来的益处，此时你可以改变动作风格，继续在运动中不断进步。你要做的不是增加阻力，而是慢慢增加牵拉阶段和收缩阶段的动作幅度。

动作开始时，双脚要抓紧地面，双腿伸直，限制动作幅度，随后你的膝关节可以微微弯曲，脚跟可以抬起，就像打高尔夫球一样。动作结束时，弹力带固定点一侧的脚尖发力，调动挥杆动作需要的所有肌肉群。动作幅度可以逐渐增加。

然而，我们不建议模仿完整的挥杆动作。虽然动作速度可以略微加快，但不要做任何爆发性的动作。

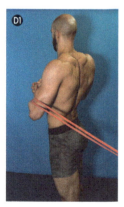

窍门

　　如果没有侧面阻力，站姿旋转练习就没有任何意义。除非你真的没有做任何热身，直接开始运动，否则拿着一根高尔夫球杆疯狂地转来转去没有任何用处。上身前倾，锻炼难度增加，但针对的就不完全是与挥杆相关的肌肉了。做这些旋转动作时，上身前倾可以让更多的腰部肌肉参与锻炼。

　　弹力带的阻力，哪怕是微不足道的阻力，对热身或肌肉锻炼都很有效。

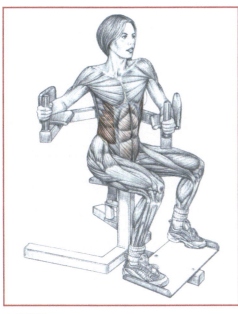

▲ 侧旋肌。

优势

　　有了弹力带的配合，无论是赛场热身还是在家中进行力量训练，这项练习不分场合，都可以做。

　　在旋转运动中斜肌非常容易撕裂，令人痛苦不堪，锻炼斜肌可以防止这种情况。

劣势

　　健身场所有侧旋器械，虽然它们有高科技的一面，但似乎还不如一条普通的弹力带有效，因为在不少与运动姿态相似的动作中，弹力带都可以派上用场。

⚠ 危险

　　当你背痛或背部有挤压感时，不要做任何旋转练习。在这种情况下，可以尝试动作缓和得多的坐姿骨盆旋转（参见第100页）。同理，在已经进行过旋转练习的日子里，最好避免以旋转为基础的力量训练。

静态平板支撑

对运动员的益处

以静态方式锻炼核心肌群。

趴在地上，面朝下，然后以手肘和脚尖作为支撑。身体尽量保持笔直，保持这种静态姿势至少15秒。

窍门

一张健身垫或者一条毛毯，能够避免前臂出现不必要的疼痛。

针对哪些运动

几乎所有运动都需要优秀的核心力量。例如，对跑步运动员而言，优秀的核心力量能够让运动员在更长的时间内保持正确的跑步姿态，这样能够减少膝关节的压力，尤其是在需要不断变换方向的冲刺阶段中十字韧带承受的压力[1]。

球类集体运动要求运动员向各个方向奔跑、突然停下、投掷、与对手发生不同程度的肢体冲突，所以优秀的核心力量能够帮助运动员站稳脚步、抵抗冲击、保持身体平衡。

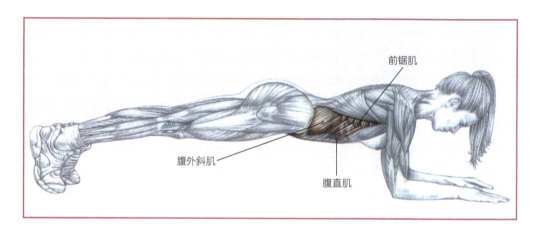

前锯肌

腹外斜肌

腹直肌

变型动作

🅐 为了增加练习难度，同伴可以在你的臀部放上一个杠铃片，或者坐在你身上。在这种情况下，注意不要弯腰驼背。

🅑 侧身平板支撑对斜肌的锻炼效果尤为出色。它是一种反旋转的变型动作，背部力量薄弱而无法转体的人可以尝试。如果在开始阶段，这个动作难度太大，你可以用空闲的那只手按着胸前地面作为支撑。

优势

这种平稳的动作不需要任何器械，无须花费很长时间，在家中就可以进行。它可以快速增强挥杆的力量，同时为背部提供保护，因为它能够锻炼在日常生活中很少用到、天生力量较弱的肌肉。

劣势

运动员的水平达到一定程度之后，静态锻炼的效果不如动态锻炼。

⚠ 危险

背部拱起时，练习难度降低，但代价是腰椎间盘互相挤压。

虽然屏住呼吸有助于锻炼，但不要完全不呼吸！如果你感觉自己的呼吸受阻，就保持间歇性的呼吸。

核心肌群应当具有爆发力、力量和耐力吗

在一些运动中，必须锻炼核心肌群的力量和爆发力（高尔夫球或投掷类运动）；在另一些运动中，最好重点突出耐力。例如，在赛艇运动中，核心肌群的耐力不够会成为腰部问题的诱因[2]。在跑步中，如果核心肌群力量较弱，脊柱的压力会增加，背部疼痛的风险也随之增大[3]。跑步距离越长，越应当重视核心肌群的耐力。

腕部弯举

对运动员的益处

✪ 增强前臂肌肉。

✪ 保护手腕、手肘和前臂不出现病症。实际上，在投掷类运动中，手腕屈肌的表层和中层肌肉可以起到稳定手肘的作用[4]。

针对哪些运动

所有需要双手紧抓或击打的运动。

坐姿，双手抓着一根杠铃或两个哑铃，双手处于旋后位（拇指朝外）。前臂放在大腿或凳子上，双手悬空❶。前臂发力，尽量向上抬起手腕❷。保持姿态1秒，然后慢慢下降。

注意

在这项练习中，手臂弯曲幅度越大，对肌肉的锻炼程度越高。

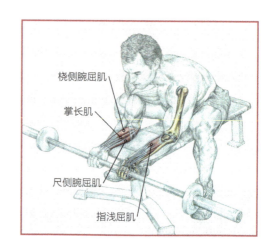

桡侧腕屈肌

掌长肌

尺侧腕屈肌

指浅屈肌

变型动作

如果没有器材或者需要赛场热身时，一根弹力带就可以提供阻力，动作与使用哑铃时相同。

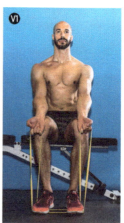

优势

这是一项简单的练习，能够避免严重影响运动的病症出现。

劣势

我们不建议只进行这项练习。每组腕部弯举练习之后都要进行一组手指伸展练习（参见"手指伸展"，第129页），以平衡前臂内部的力量。

⚠️ 危险

腕关节是比较薄弱的关节，但使用频率却很高，所以动作幅度不要太大。

前臂筋膜按摩

对运动员的益处

✪ 加快肌肉的恢复。
✪ 降低极为敏感、经常被使用到的肌肉区域的疼痛阈值。

针对哪些运动

所有需要使用双手的运动。

跪在地上，身体前方放一个按摩滚轴。前臂放在滚轴上，滚轴和前臂都做往复运动。这样前后滚动1分钟，与此同时，手可以转动，让屈肌和伸肌都得到按摩。一条手臂的按摩结束后，换另一条。

做几组练习之后，空闲的那只手压在被按摩的前臂上，增加锻炼强度。

窍门

如果你的左侧手臂不能承受按摩或压力，那么按摩右侧手臂也能够增强左侧手臂抵抗疼痛的能力。

变型动作

如果没有滚轴，一个筋膜球也可以作为按摩器材。

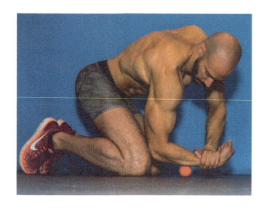

优势

筋膜按摩非常有效。前臂的筋膜非常容易被触及，所以自我按摩益处很多。

劣势

人们通常只在出现疼痛时才会按摩，但预防性的按摩会更有效。

⚠ 危险

这些按摩的一部分益处是能够掩盖疼痛，这是一件好事，因为痛感降低之后，训练质量会提高[5, 6]。但是可别忘了，虽然痛感降低了，但是疼痛依旧存在。

第11章　针对游泳和水上运动的锻炼

固定杠引体向上

对运动员的益处

锻炼背部、肩部与前臂。

针对哪些运动

所有运动，尤其是需要高强度使用手臂的水上运动。

双手内旋（拇指向内），抓紧固定杠。双手间距大于肩宽。双腿向后抬起，小腿与大腿成直角。背部和手臂发力，让身体上升，额头超过固定杠。如果能力允许，你可以在下巴到达固定杠之后，再让身体慢慢下降。

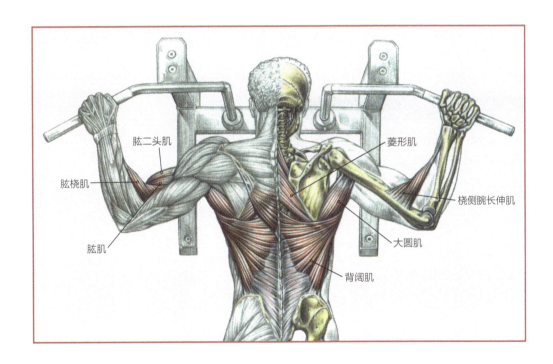

肱二头肌

肱桡肌

肱肌

菱形肌

桡侧腕长伸肌

大圆肌

背阔肌

变型动作

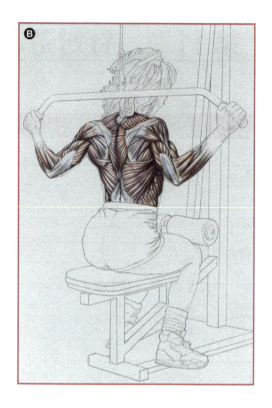

A 如果牵拉的难度太大，双脚可以放在椅子或凳子上，减轻身体重量，为锻炼提供便利。

B 如果身体力量不够，身体无法上升，可以使用阻力较小的器械。

优势

引体向上能够有效锻炼上身大部分肌肉，同时不会让腰部承受压力。

劣势

不是所有人都能做到固定杠引体向上。这种情况下，可以优先考虑难度较低的变型动作。

⚠ 危险

手臂处于低位时，不要完全伸直，否则肩部和肱二头肌会处在一个容易受伤的位置。

划 船

对运动员的益处

这项练习针对的是整个背部、后肩、肱二头肌、前臂和肱三头肌长头。

针对哪些运动

所有需要高强度使用手臂的运动。

身体前倾，上身与地面形成90~120度的角。双手处于中位（拇指向前），抓起两个哑铃❶。双臂沿着身体上举，肘部向高处抬，尽量靠近肩胛骨❷，然后慢慢下降。

窍门

身体趴在一个倾斜35度的健身凳上，脊柱会得到更多支撑。

变型动作

Ⓐ 你可以双手抓哑铃，以对称的方式练习，这样的动作比较符合蝶泳的姿态，也可以不对称的方式练习，这样比较符合自由泳的姿态。

Ⓑ 你也可以单臂抓哑铃进行练习。

Ⓒ 在赛场热身或家中锻炼时，弹力带可以代替哑铃。双脚牢牢踩着地面的弹力带，双手（内旋）将弹力带的另一半拉起。背部发力，双手把弹力带拉到上身部位。该练习站姿或坐姿均可。

Ⓓ 使用杠铃进行划船练习。这个动作适合需要同时划动手臂的运动员，如赛艇运动员。

劣势

虽然划船练习非常适合赛艇、皮划艇、冲浪等运动，但引体向上比它更适合游泳，因为划船练习中，手臂不会上举。

优势

与引体向上相比，划船能更好地锻炼后背中部的肌肉，同时肩部受伤的风险也更小。

⚠ 危险

划船有可能加剧背部疼痛。

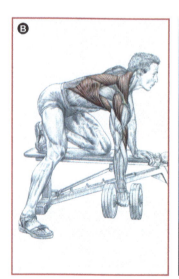

龙门架绳索下拉

对运动员的益处

该练习可锻炼让手臂靠近身体的肌肉，如背阔肌、胸肌和肱三头肌。背阔肌和肱三头肌的长头能够共同发挥作用，让手臂向上身运动。

针对哪些运动

几乎所有需要使用手臂的运动。

身体站立，面朝龙门架，双手内旋（拇指向内）抓住一根短杠。双臂伸直，双手下拉短杠到股四头肌上部，然后慢慢回升。

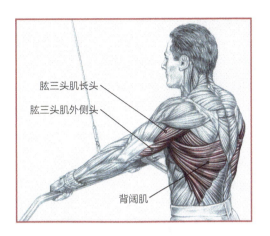

肱三头肌长头
肱三头肌外侧头
背阔肌

变型动作

Ⓐ 如果面前是有滑轮的龙门架，可以用两个手柄取代短杠；也可以用两根弹力带代替短杠。

Ⓑ 双臂同时发力符合蝶泳姿态，单臂发力符合自由泳姿态。

Ⓐ

劣势

某些运动员会感觉肱三头肌的锻炼程度高于背部肌肉。在这种情况下，两手间距要加大。

优势

如果身体力量不够，无法做引体向上，你可以重点练习这个动作，增强力量。这也是一项很适合在运动前进行的热身练习。

⚠ 危险

在双臂上举过高下拉时，这个动作可能会加剧肩部疼痛。为了避免这种情况，要减小动作幅度，龙门架的高度要低一些，双臂不要抬得太高。

上身前倾手臂侧举

对运动员的益处

这项练习可以单独锻炼后肩、斜方肌、背肌、腰部肌肉和肱三头肌长头。

身体前倾，上身与地面约成直角，两手抓住两个哑铃，手背相对❶。将手臂尽量向高处抬起，与身体形成Y形❷，然后手臂慢慢下降。

针对哪些运动

所有要求背部力量较强、能够有效保护肩部不出现病症的运动。

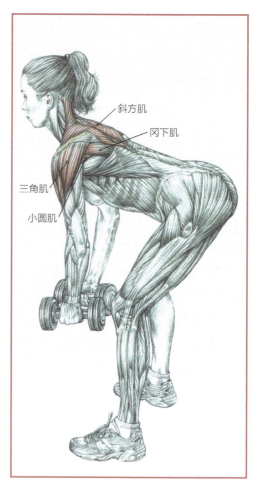

斜方肌

冈下肌

三角肌

小圆肌

变型动作

在赛场热身或家中锻炼时，如果没有哑铃，你也可以使用弹力带来提供阻力。身体站立，两手各持弹力带一端，双手内旋，间距约40厘米。双臂张开，尽力牵拉弹力带，然后回到起始姿势。站姿的好处在于下背部无须用力，但腹部肌肉没有得到锻炼。上身前倾或坐姿也可以做这项练习，这取决于你从事的运动对肌肉的要求。

优势

这项练习能够锻炼到一些不受重视的肌肉，这些肌肉对提高体育成绩、保护肩部都非常重要。

劣势

同时举起双臂类似于蝶泳的姿态，而不是自由泳。双臂不同时举起则可以模拟自由泳的姿态。

⚠ 危险

上身前倾会给腰部带来压力。背部尽量保持笔直。

窍门

趴在一个倾斜35度的健身凳上，脊柱能得到更多支撑。

手臂侧平举

对运动员的益处

锻炼平时较少用到的肌肉，增强肩部力量。

针对哪些运动

所有需要举起手臂的运动。

身体站立，双手处于中位（拇指向前），抓紧两个哑铃。哑铃最开始位于大腿两侧❶。手臂从侧面举起，尽量保持伸直状态，保持在身体轴线上❷。

注意

手臂越弯曲，练习越容易，但三角肌的锻炼程度就越低。

优势

这项练习能够锻炼那些日常生活中很少锻炼到的肌肉。

变型动作

Ⓐ 如果你天生比较灵活，手臂到达与地面平行的位置后，可以继续高举过头。这个动作更适合游泳运动员。

Ⓑ 手臂不要侧举，而是向前方举起，这个变型动作非常适合球类投掷运动，如保龄球。

劣势

如果你的肩部有伤，双臂就不要抬得太高。

⚠ 危险

如果锻炼过程中，手臂抬起速度较快而且突然停止，你可以举起更重的哑铃，但腰部会承受更大的压力。

弹力带肩部旋转

对运动员的益处

这些孤立练习主要针对的是肩袖肌肉。除了锻炼肌肉以外，它们也可以帮助运动员在训练前进行正确热身。

针对哪些运动

所有需要肩部活动的运动。

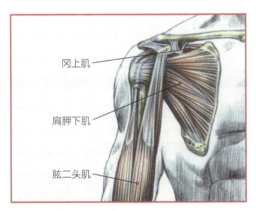

▲向内旋转针对的肌肉。

冈上肌

肩胛下肌

肱二头肌

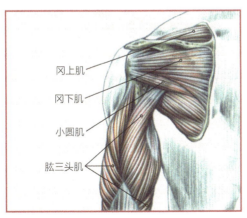

▲向外旋转针对的肌肉。

冈上肌

冈下肌

小圆肌

肱三头肌

■ 向内旋转

身体站立，双臂贴着身体两侧，双手外旋（拇指向外）持一根弹性较弱的长弹力带。双臂张开，拉紧弹力带❶。不要松开弹力带，手腕和肩部旋转，直到拇指向内❷。回到起始姿势，然后重复练习。

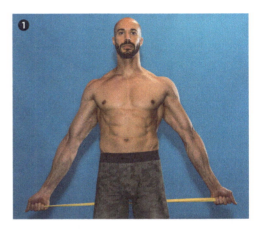

■ 向外旋转

　　身体站立，双臂贴着身体两侧，双手内旋（拇指向内）持一根弹性较弱的长弹力带。双臂张开，拉紧弹力带❶。不要松开弹力带，手腕和肩部旋转，直到拇指向外❷。回到起始姿势，然后重复练习。

仔细观察

　　拉弹力带的力度不同，阻力也会相应改变。

　　每组练习的时间可以长一些，每组30~50次，动作的幅度越大越好，但也不要超出肩部的承受范围。

注意

　　旋转位置主要在肩部，而不是手腕。

优势

　　无论是运动开始之前，还是力量训练之前，只要有一根弹力带，就可以轻而易举地热身。

劣势

　　弹力带所产生的阻力难以衡量，而且不太能够准确重复。

⚠危险

　　肩部出现疼痛时，双手向下旋转可能会刺激肱二头肌长头的肌腱。在这种情况下，可以用下一个需要向上抬手的练习进行测试。

手臂外旋

对运动员的益处

增强肩部外旋肌。

针对哪些运动

所有需要肩部活动的运动，尤其是需要手臂高举过头的运动。

坐在调整好的滑轮器械前的地面或凳子上，背对器械，抓住位于身体一半高度的手柄。左肘放在左侧膝关节或凳子上，上臂与前臂形成直角❶。向上抬手，让前臂与地面接近垂直❷。随后慢慢回到起始姿态，但前臂不要低于水平位置。

仔细观察

尽量让手臂和身体形成一个最自然的角度。每个人的情况都不一样。

注意

不要等到肩部疼痛了，才想到锻炼旋转肌。

变型动作

在赛场热身或家中锻炼时，如果没有器械，你可以使用一根固定在半身高度的弹力带。你可以采用跪姿或坐在地面、凳子上。手臂可以放在大腿上，也可以放在健身凳上，然后开始练习❷。

优势

这项热身练习可以针对所有需要肩部活动的运动，而且效果良好。

劣势

这个动作可以搭配哑铃来做。但是这个选择更容易让肩部受伤。力量训练的目的是保护身体，不是让它受伤。

⚠危险

在牵拉阶段，不要让把手拉到距离地面太近的位置。运动过程中，要适当保持对动作的控制。

"招手拦车" 旋转

对运动员的益处

这项练习可以从另一个角度来锻炼冈
下肌。

针对哪些运动

所有需要肩部活动的运动。

■ 使用可调整的滑轮

身体站立，双脚微微分开，左臂弯曲
成90度，肱二头肌的内侧与身体保持接
触。用左手拉着右侧位于半身高度的滑轮
手柄❶。手处于中位（拇指向上）。前臂做
旋转动作，就好像在招手拦车。手臂尽量
向左伸展❷。保持姿态1秒，然后前臂向
右运动。

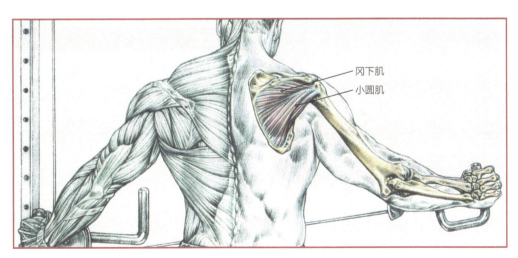

冈下肌

小圆肌

变型动作

在场地热身或家中锻炼时，如果没有器械，你可以使用固定在身体侧面半身高度的弹力带。

■ 趴在健身凳上，手持哑铃

趴在健身凳上，两手臂张开与身体成十字形，手肘弯曲，双手内旋（拇指向内）各抓一个哑铃 ❶。举起哑铃，但手肘不要伸直，直到前臂与地面平行 ❷。保持姿态至少1秒，然后双手慢慢下降。

优势

手臂贴近身体的姿势能够让冈上肌在轻度发炎的情况下也可以得到锻炼。

劣势

人们做这项练习时常常是站姿，手持哑铃。但是这么做用处不大，因为阻力应当是水平方向的，而不是垂直方向的。

⚠危险

如果肱二头肌的肌腱轻微发炎，手肘要伸直，不要弯曲。这会让肱二头肌的肌腱更柔软，减少其与骨头的摩擦。

第12章 针对球拍类和投掷类运动的锻炼

悬挂飞鸟、悬挂俯卧撑、双臂撑体

对运动员的益处

只要有普通的吊环或悬挂健身系统就可以做以下3种动作。

✪ 悬挂飞鸟：锻炼背部和前肩肌肉。

✪ 悬挂俯卧撑：锻炼背部肌肉、肩部肌肉（主要是前肩肌肉）和肱三头肌。

✪ 双臂撑体：锻炼背部肌肉、部分前肩肌肉和肱三头肌。

针对哪些运动

所有需要用手臂向前或向高处抛掷的运动。

■ 悬挂飞鸟

身体站立，抓着两个手柄。以核心肌群为支撑，双脚放在身后的凳子上。手臂近乎伸直，身体与地面约成45度❶。双臂弯曲，向侧面展开，保持在同一轴线上❷。保持姿态1秒，然后借助背肌力量抬升上身至手臂近乎伸直。保持姿态1秒，然后再次展开双臂。

■ 悬挂俯卧撑

身体站立，抓着两个手柄。以核心肌群为支撑，双脚放在身后的凳子上。手臂近乎伸直，身体与地面约成45度❶。上身下降，手肘弯曲，就像在做俯卧撑一样❷。保持姿态1秒，然后借助背肌和肱三头肌的力量抬升上身至手臂近乎伸直，身体再次下降。

■ 双臂撑体

身体站立，抓着两个手柄。以绳索为支撑，手臂近乎伸直，小腿抬起❶。手肘弯曲，上身下降，直到双手大概与胸肌下缘持平❷。手臂发力，让上身上升至手臂近乎伸直之后，身体再次下降。

仔细观察

和哑铃飞鸟不同的是，悬挂飞鸟的高位动作产生的压力不会消失。这对投标枪或掷铁饼的运动员而言是一个巨大优势。

注意

刚开始做这些动作时，你的肌肉不够协调，所以你可能会浑身颤抖，尤其是当手臂近乎伸直时。但是随后你会取得飞速进步，锻炼几次，你的身体就不会像以前那样抖个不停了。

身体越不稳定，全身用力的程度越高，这能够进一步激活肌肉，更接近运动要求的状态。

变型动作

做这3种练习时，可以使用大负重，甚至器械。悬挂绳索的优势在于，上身没有健身凳的阻隔，动作更接近体育项目中的姿态。

优势

家中没有器材时，这些绳索就显得很方便了。它们非常便宜，能够代替许多昂贵的健身器材。你自己甚至可以用绳索、登山弹力卸扣和两个手柄制作一个小型设备。然而，必须有两个特别坚实的固定点，如深蹲架的上端。

劣势

时刻谨记，周围条件不太稳定时的动作要比条件稳定的动作更难。

⚠ 危险

在做悬挂飞鸟或悬挂俯卧撑时，如果肌肉力量不够，牵拉就会存在不小的风险。为了避免事故发生，调整绳索的长短，让身体距离地面近一些。如此一来，即便跌落，你的肩部也不会脱臼，胸肌也不会受伤。在做双臂撑体时，双脚可以始终和地面接触。

手臂内旋

对运动员的益处

增强让肩部向内旋转的肌肉的力量。

针对哪些运动

所有需要让手臂向后运动或增强手臂力量的运动。

仔细观察

尽量让手臂形成一个最自然的角度。每个人的情况都不一样。

蹲在高度可调整的滑轮前。背对器械，手抓着位于半身高度的手柄。手肘放在膝盖或凳子上，上臂与前臂成90度角❶。前臂向下运动，直到与地面平行❷。然后回到起始姿态，但手的位置不能超过与地面的垂直的位置。

⚠ 危险

在牵拉阶段，不要让把手拉到距离地面太近的位置。运动过程中，要适当保持对动作的控制。

变型动作

在赛场热身或家中锻炼时，如果没有器械，可以把一根弹力带固定在身侧某个地方。你可以坐在或跪在地上，手肘可以放在面前的健身凳或其他物品上。

优势

这是一项效果良好的热身和巩固练习，它可以针对所有需要肩部活动的运动。

劣势

理想状态下，做这个动作时采取站姿，单臂90度旋转，前臂弯曲成90度。然而，刚开始时，手臂如果没有支撑，很难保持在原位，肩部旋转肌也就无法得到良好的刺激。所以最好从本节介绍的动作开始，提高对肌肉收缩的掌控度，即便这个动作不完全符合你从事的运动的要求。

手指伸展

对运动员的益处

这是专门针对手腕和手指伸肌的热身和锻炼。

■ 坐在健身凳上

坐在健身凳或床上，手指背面以健身凳表面为支撑❶。手指发力，手臂向上抬高，就像踮着脚尖一样❷。手指几乎要竖起来的时候，手臂慢慢下降，手指合拢。

针对哪些运动

所有对手部力量有较高要求的运动。

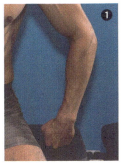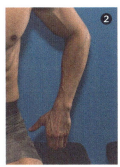

■ 手指弹力带练习

把弹力带套在手指上 ❶。把需要锻炼的手臂伸直，增加手指的力量。肘部越弯曲，伸肌的力量越弱。把手张开到最大限度 ❷。保持这个姿态至少1秒，然后手指并拢，重复动作。

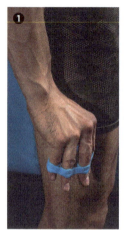 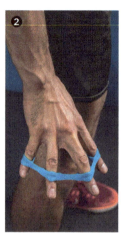

注意

手指弹力带非常便宜，对所有需要使用双手的运动都很有用。

优势

这些动作虽然简单，但可以锻炼经常被忽视的前臂肌肉。

劣势

即便小指不怎么用力，你也能轻松把手张开。这不是锻炼小指的最佳方法。所以，每组练习开始时，把重点先放在小指的锻炼上，确保它的开合幅度始终相同。小指疲惫时，你可以锻炼其他力量更强的手指。

⚠ 危险

手部的小肌群不习惯高强度锻炼。动作开始时，弹力带的阻力要小一些，随后逐渐增加。

腕部伸展

对运动员的益处

✪锻炼前臂。

✪保护手腕、肘部和前臂，避免这些部位出现病症。

针对哪些运动

所有需要双手紧抓或击打的运动。

仔细观察

在这项练习中，双臂伸得越直，获得的力量越大。

坐在健身凳上，双手（内旋）握住一根杠铃或两个哑铃。前臂放在大腿或健身凳上，双手悬空❶。前臂发力，尽量向上抬起手腕❷。保持姿态1秒，然后手腕慢慢下降。

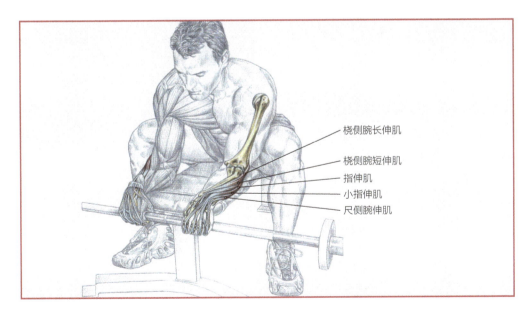

桡侧腕长伸肌

桡侧腕短伸肌

指伸肌

小指伸肌

尺侧腕伸肌

变型动作

Ⓐ 在赛场热身或家中锻炼时，如果没有哑铃，你可以用双脚踩着一根弹力带进行该练习。

Ⓑ 如果没有弹力带，你可以采用"手指伸展"（第129页）中的折腕姿态来增加手部肌肉的张力。

优势

这项练习的动作可以避免严重影响运动的病症。

劣势

理想情况下，每组腕部伸展练习之后都要进行一组腕部弯举练习（参见第108页），让力量恢复平衡。不要忘记按摩前臂肌肉筋膜（参见第109页），以加快训练之间肌肉恢复的速度。

⚠ 危险

手腕在健身凳上的弯折幅度不要太大，尤其是在没有热身的情况下，以免诱发病症。

正握腕弯曲

对运动员的益处

☯ 增加前臂和上臂的力量。

☯ 预防病症出现，尤其是网球肘。

　　每只手抓一个哑铃，手臂沿着身体两侧伸直❶。双手处于半内旋姿态（拇指向内、向上），双臂弯曲，拇指保持略高于其他手指的姿态。尽可能向上举起哑铃，但肘部不要抬起（肘部在整个练习过程中都要贴近上身）❷。双手抬到最高之后，慢慢回到初始位置。

针对哪些运动

　　所有需要使用双手和双臂的运动。

注意

　　整个动作可以双手同时做，也可以单手交替做。

变型动作

　　Ⓐ 你可以使用弹力带，它对手腕的伤害小于哑铃。使用弹力带时，站着或者躺在地上（尤其是腰部疼痛时）都可以。

　　Ⓑ 人们通常使用一根长杠铃来做这个动作，但它对手腕的伤害大于哑铃。

优势

这个动作和腕部伸展相反，手腕要固定不动，所以造成损伤的可能性更小。

劣势

这是一项力量训练，不是热身练习。

⚠ 危险

如果手腕部位出现压力，要立刻使用绑带，减轻这个部位的压力。

大腿内收

对运动员的益处

锻炼内收肌，避免出现肌肉扭伤或撕裂。

针对哪些运动

所有需要借助双腿进行移动的运动，尤其是需要侧向移动的运动。

坐在器械上，双腿在挡板外侧❶。慢慢向内夹紧大腿❷。保持姿态1秒，然后回到初始姿态，随后重复动作。

仔细观察

处于初始姿态时，双腿张开幅度不要太大，避免过度牵拉内收肌。

注意

某些内收肌训练器可以让双腿伸直，还有一些可以让双腿弯曲。

变型动作

在赛场热身或家中锻炼时，如果没有器械，可以席地而坐。双手放在双膝内侧，双手相握，手臂弯曲成90度以产生阻力。尽量夹紧双腿，同时手臂用力阻挡双腿夹紧。

优势

这项练习可以锻炼一些天生力量较弱的肌肉。

劣势

避免器械让双腿张开的幅度过大。在练习过程中，注意掌控动作幅度。

不要试图超过自己的身体极限，否则髋关节可能受伤。

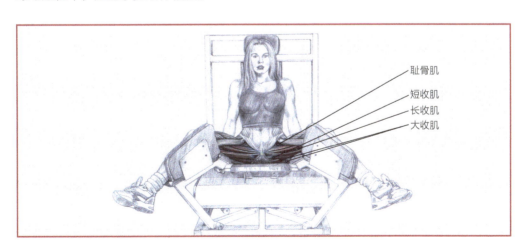

耻骨肌
短收肌
长收肌
大收肌

第13章 针对自行车和
公路运动的锻炼

护腰带深蹲

对运动员的益处

这项基础练习能锻炼整个大腿和臀肌。

针对哪些运动

所有需要用大腿蹬踏、奔跑、跳跃或者在支撑物上保持平衡的运动。

护腰带裹在腰间，双腿分开，至少与肩同宽❶。双膝弯曲，身体下蹲❷。然后起身，重复练习。

> **窍门**
>
> 除了大负重以外，也可以使用弹力带提高练习强度，尤其是在负向阶段。

变型动作

🅐 背部尽量保持笔直，训练重点会放在股四头肌上。

🅑 上身尽量前倾，训练重点会放在腘绳肌和臀肌上，股四头肌所受刺激减小，膝关节压力减小。

🅒 双脚间距越大，内收肌参与度越高，这对预防这些肌肉撕裂非常重要，尤其是在需要侧向移动的运动中。

🅓 为了在一个动作中锻炼整个大腿，练习开始时背部要保持笔直。在整组练习中做每个动作时，身体可略微前倾，让大腿后侧和臀肌的力量补偿疲惫的股四头肌。

优势

护腰带深蹲和传统的杠铃深蹲不同，不会对脊柱产生压力。所以上身前倾时，腰部肌肉没有受伤的风险。

臀部越向后，膝关节承受的压力越小，受伤的风险也越小。

劣势

两条大腿需同时锻炼，这不符合跑步的要求。虽然让腿向后运动的肌肉得到了充分刺激，但辅助抬腿的肌肉并没有，必须使用有针对性的动作来锻炼这些肌肉（参见"针对跑步运动的锻炼计划"，第180页）。

⚠ 危险

做第一个动作之前，确保自己已经在器械上站稳，否则腰带可能会向前拉拽，让你摔倒。理想做法是在热身练习时确定双脚的位置。

腹肌凳挺身

对运动员的益处

锻炼腹部肌肉、背部肌肉以及腘绳肌。

针对哪些运动

几乎所有对脊柱产生压力、要求强有力的脊柱肌肉、由下向上传递力量、避免受伤的运动。

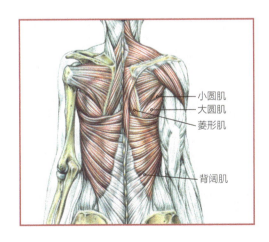

小圆肌
大圆肌
菱形肌

背阔肌

■ 在倾斜45度的腹肌凳上

趴在腹肌凳上，脚踝牢牢卡在防撞软垫下，上身放松下降，直到与地面接近垂直。然后腹部发力，上身抬起，直到与地面约成45度，然后再慢慢下降。

■ 在与地面平行的腹肌凳上

为了增加练习难度，你可以使用与地面平行的腹肌凳❶。抬起上身，直到与地面几乎平行❷。保持这个姿态1~2秒，然后上身再慢慢下降。

仔细观察

有时，抬起的上身要保持在与地面平行的姿态以下。然而，除非背部疼痛或者动作过猛，超过平行姿态不会有什么问题。对肌肉收缩最有利的姿态恰恰就在平行姿态以上。这就是人们所说的过度伸展，身体站立时要避免这种情况，但身体处于俯

姿时，身体重心不会对腰椎间盘造成压力。此外，无须为了让上身与地面垂直而让背部过度弯曲。腰部肌肉不能收缩时，我们是能感受到的。

注意

在倾斜45度的腹肌凳上锻炼更容易，因为它的角度会减少你需要克服的阻力。如果你选择的是与地面平行的腹肌凳，最好选择那些能让你的小腿发力的新一代腹肌凳。

变型动作

无论你选择哪种健身凳，上身抬起都有A、B两种技巧。

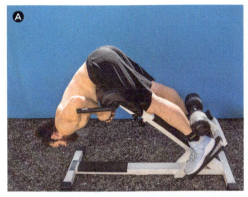

A 斜坡垫的位置尽可能低，靠近双脚。动作开始时要依靠骨盆，尤其是大腿后侧肌肉和臀肌，骶腰部位基本不用力，保持等长收缩，这会让身体产生一种灼热感，仿佛这些部位也参与了运动。许多运动（自行车、摩托车、滑雪）中都有这种等长收缩，因为腰部肌肉的作用就是固定脊柱。

B 斜坡垫的位置尽可能高，远离双脚。动作对腰部肌肉的刺激很明显，你必须像蜗牛一样屈曲和伸展背部。动作开始于脊柱下方，脊柱会随着上身抬起而伸展。

C 在场地热身或家中锻炼时，你可以使用弹力带，把它固定在面前比较低的定点上，然后可以做地面抓举和上身抬起的混合动作。

优势

　　哪怕不做练习，只是弯腰让背部下降到与地面接近垂直的姿态，也是对脊柱的有效牵拉。每次锻炼结束之后，这个姿态都可以和固定杠引体向上结合使用。

劣势

　　这项练习很难在不改变重心的前提下增加阻力，针对腹肌的锻炼有可能转移到其他肌肉上。

⚠ 危险

　　突然抬起过度牵拉的脊柱非常危险。起身动作必须缓慢，牢记这种方法是以主动收缩和等长收缩相结合的方式来锻炼脊柱附近肌肉的。

臂屈伸卧推与窄距卧推混合

对运动员的益处

这项基本练习针对的是肱三头肌、前臂肌肉和胸肌。

针对哪些运动

这项练习涉及的运动如下。

✪ 需要通过操纵杆保持上身稳定的运动，如自行车、越野摩托车、汽车等。

✪ 需要推搡对手的运动，如格斗运动、橄榄球等。

✪ 需要击打对手的运动，如拳击。

✪ 需要将手臂收回的运动，如游泳或帆板。

■ 臂屈伸卧推

躺在健身凳或健身毛毯上，双臂伸直，双手中距或窄距抓住杠铃 ❶。手肘弯曲，杠铃朝着颈中部下降 ❷。杠铃下降的程度可以根据手肘的健康状况而改变。为了最大限度地增加重量，动作的幅度通常只有最大幅度的一半，只有前臂和肱二头肌运动，肩部和肘部不动。想要让杠铃下降到更低的位置，动作要从肩部附近开始，手肘要下降，而不是朝着上方。肱三头肌接触到地面时，前臂和上臂的角度将达到最小。随后将杠铃举起，然后重复动作。

仔细观察

乍看之下，臂屈伸卧推看起来很像躺在地上做的肱三头肌伸展。但是，这个动作不会把杠铃下降到额头前或头后，手肘的动作受到严格限制，双手只朝着颈中部下降，动作幅度只有最大幅度的一半。

■ 窄距卧推

窄距卧推的起始姿势和臂屈伸卧推相同 ❶，手肘弯曲，让杠铃下降至胸肌下缘 ❷。如果你躺在地面上，手肘会比在健身凳上更快下降到最低位置。

仔细观察

杠铃下降到胸肌部位不一定有什么实质作用，尤其是前臂比较长的时候。

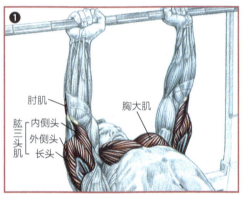

肘肌
胸大肌
肱三头肌 { 内侧头 外侧头 长头

■ 臂屈伸卧推与窄距卧推混合

这个动作的新颖之处在于，它让杠铃处于颈部和胸肌下缘之间的某个位置，这取决于你前臂的长度以及手肘能够承受的重量。使用这种混合卧推的另一种方式就是在动作最开始时采用臂屈伸卧推。如果动作不成功，不要放下杠铃，而是把动作改成窄距卧推。

注意

根据你从事的运动项目对手臂姿态的要求，调整双手间距。例如，对自行车运动员来说，握距应当与车把同宽（公路自行车运动员的握距更窄，越野自行车运动员的握距更宽）。

在拳击运动中，运动员在出拳时，手肘很少会过度外展，所以锻炼时两手间距比较窄，比上身略宽。

变型动作

🅐 如果锻炼时使用的杠铃重量不固定，那么使用曲杆杠铃给手腕带来的压力更小。你也可以使用两个哑铃或卧推架。

🅑 在场地热身或家中锻炼时，你可以把一根阻力较大的弹力带固定在身后半身高度的定点上。站在弹力带构成的圈里，把它拉到颈部，然后双手用力向前推。

🅒 你可以把弹力带拉到胸肌下缘，然后双手用力向前推。

优势

对于那些需要强大推力的运动而言，这是一个能够完整锻炼上身的动作。

劣势

肘关节是比较薄弱的关节。虽然这是外伤风险最小的动作之一，但如果身体出现疼痛时，动作幅度不要太大。

⚠ 危险

空握（无拇指抓握，拇指不弯曲，和其他手指在同一侧）是这种动作中常见的抓握方式。然而，使用这种抓握方式，杠铃有可能脱落。

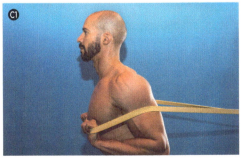

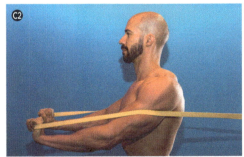

第14章 针对格斗运动的锻炼

臀 桥

对运动员的益处

臀桥能锻炼许多肌肉，主要包括臀肌、腘绳肌、腰部肌群、股四头肌和小腿肌群[1]。

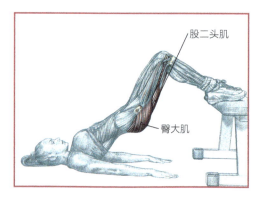

股二头肌

臀大肌

针对哪些运动

这个动作可以直接应用到格斗运动中，因为它可以让你轻而易举地弹开把你压制在地面的对手。当你站立时，这个动作锻炼的所有肌肉能够帮助你站稳，保持更好的平衡。

在所有需要借助双腿进行移动的运动中，臀桥都很有用，如跑步、跳高、跳远、跨栏等。

起始位置

■ 杠铃臀桥

坐在地面上，双腿伸直。让增加了重量的杠铃从脚上滚动到腹股沟处。杠铃就位之后，用双手紧紧握住，然后让杠铃片重新接触地面。臀部抬起得越高，杠铃越可能滑向腹部，所以不能让它随意移动。

■ 器械臀桥

调整好重量和健身凳的高度，然后坐下。就位之后，系好腰带，或者把阻力踏板降低到腹股沟高度。

▲不同的臀桥器械。

动作

　　腿弯曲成90度，脚跟靠近臀部❶。臀肌和脚跟发力，腹部上挺，让小腿、上身、大腿以及地面形成一个三角形❷。后肩和上背部依旧与地面或健身凳接触，起到支撑的作用。保持姿态1秒，臀肌尽量收紧，然后回到起始姿态。重复练习，但上身不要完全躺在地面上。如果不能再继续做动作，躺在地上休息片刻，然后再多做几组。

仔细观察

　　最常见的错误是为了增加重量而牺牲动作的幅度。在练习快结束时，你可以减小动作幅度，多做几组，不要以臀部不能抬到最高为借口而停止锻炼。

注意

✪可用于做臀桥的器械越来越多，虽然它们的效率并没有比一根普通的杠铃高多少，但使用起来更加舒适和方便。

✪有的器械可以让你躺在平凳上，这样可以增加臀桥的动作幅度和难度。

变型动作

Ⓐ 根据你的目标，改变两脚间距。

✿双脚并拢，靠近臀部，这种姿态对股四头肌的锻炼程度高于腘绳肌。

✿双脚分开，远离臀部，这种姿态对腘绳肌的锻炼程度高于股四头肌。

Ⓑ 如果没有器械，你可以在卧推架上练习，防止杠铃摇晃或滚落。

Ⓒ 如果没有器械，没有重量，这个动作就过于简单了。但是它依然可以用来热身。你可以做单腿臀桥来增加难度。右腿的动作结束之后，直接换到左腿，中间不要休息，这样可以锻炼耐力和力量。

优势

臀桥能够锻炼臀肌，与深蹲或硬拉相比，臀桥对腰部产生的压力更小（但并不意味着腰部完全不受力）。动作在高位时，臀肌的收缩程度很高，在深蹲和硬拉动作中，臀肌的收缩达不到这样的程度[1]。

劣势

对某些人而言，加上重量之后，这个动作很快就会变得非常不舒服。

⚠ 危险

理想情况是使用杠铃片。

如果你使用的杠铃重量太沉，在锻炼过程中，注意不要被杠铃压到。必须保证杠铃片能够与地面接触。

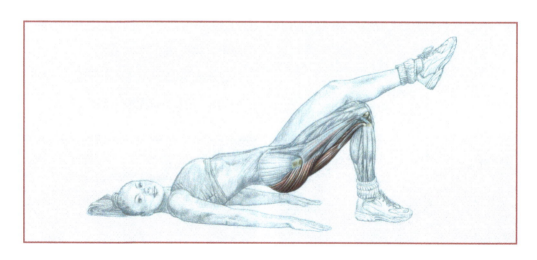

深蹲机或六角杠铃深蹲

对运动员的益处

这项基本练习针对整条腿和背部。它不像杠铃深蹲那样会改变身体的重心，所以哪怕是身材高大的运动员也能让背部保持相对笔直的姿态，这能够减小腰部受伤的风险。

针对哪些运动

所有需要借助双腿进行移动或保持稳定的运动。

在格斗运动中，你越擅长这项练习，对手的体重对你的影响就越小，你就越容易控制对方，使其动弹不得。

深蹲和地面硬拉的区别

深蹲和硬拉是力量训练中的经典练习，它们很类似，尤其是对大腿的锻炼这一方面。然而，研究表明，和深蹲相比，硬拉更能增强下身肌肉的力量[2]。硬拉同样能够提高力量的生成率（参见"了解力量的生成率"，第15页），因此它更适合用于提高对抗运动或短跑冲刺的爆发力。

这两项练习的主要区别在于支撑杠铃的位置，这可以改变身体重心位置。做深蹲时，背部要尽量保持笔直。做硬拉时，背部会不由自主地前倾。但是在使用六角杠铃或深蹲机时，这些区别就变得不明显了，尤其是在肌肉调动方面[3, 4]。当身体保持笔直时，腰部肌肉活动量平均减少27%，臀肌也是如此。相反，若运动员采用更接近深蹲或硬拉的姿态，股四头肌的活动量会因为位置的不同而增加32%~64%。对于主要依靠股四头肌进行奔跑的田径运动员而言，这是一种更为有效的动作。对于其他人来说，背部微微前倾，臀肌和腰部肌肉的锻炼程度提高，股四头肌所受刺激减少。

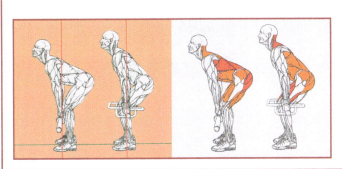

◀ 与传统杠铃相比，六角杠铃更有利于上身保持笔直姿态，能减少背部、腰部，尤其是腰部的活动量。此外，它能够改变肌肉的参与度，增加大腿受力，减少背部和臀部肌肉所受的刺激。

■ 使用六角杠铃

　　双脚踏入六角杠铃中，背部保持笔直，身体下蹲，双手抓住杠铃❶。大腿和背部发力，身体站起❷。双腿伸直或半伸直后，身体慢慢下降，然后重新开始。

■ 使用深蹲机

　　后退进入深蹲机，背部保持笔直，身体下蹲，抓住深蹲机的手柄❶。大腿和背部发力，身体站起❷。双腿伸直或半伸直后，身体慢慢下降，然后重新开始。

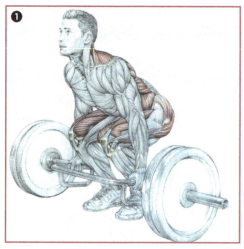

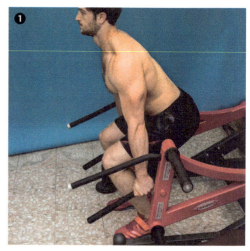

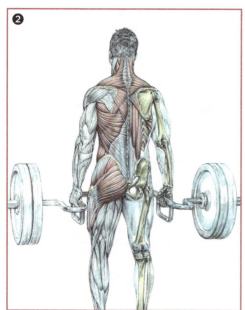

仔细观察

同时练习深蹲和硬拉并无必要。六角杠铃或深蹲机能够让身体同时获得深蹲和硬拉带来的好处,这是它们最大的优点,也能节约大量时间。

注意

如果你难以支撑六角杠铃或深蹲机,可以使用深蹲绑带,避免手比大腿先产生疲劳感。

变型动作

如果没有六角杠铃或深蹲机,你可以两手各抓一个哑铃,手臂沿着身体两侧做这个动作。

优势

双手处于中立位时,反握硬拉常出现的肱二头肌撕裂的风险可以降到最低。

劣势

动作总是要从比较低的位置开始,这个姿态让人不太舒服。但前一个动作结束时把大负重放在地面几秒,然后开始下一个动作,这样可以练习爆发力。

⚠ 危险

虽然与传统的深蹲和硬拉相比,进行该练习时下背部的凸出程度较小,但腰椎依然受到挤压,受伤的风险仍然存在。

炮台推举

对运动员的益处

✪这项基础练习能够调动所有关节。

✪它针对的是身体所有肌肉，尤其是前肩肌肉、胸肌、肱三头肌和大腿肌群。

针对哪些运动

所有需要身体接触和投掷的运动。

站在器械中间，双腿弓步站立，以保持身体稳定性，双手抓住手柄。身体以脚尖为支撑，背部保持笔直，推动器械，让手臂得到伸展。随后回到起始姿态，然后重复动作。你可以同时锻炼双臂或分开锻炼。

注意

越来越多的炮台架和深蹲架合二为一。与专门的器械相比，混合型器械的优势在于能够调整手柄高度，改变肩部和胸部的锻炼比例。

✪器械的把手越高，前肩肌肉的动作参与度越高。

✪器械的把手越低，胸肌的动作参与度越高。

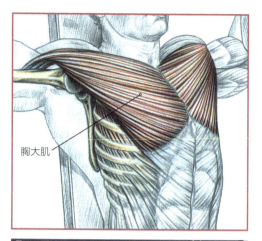

胸大肌

变型动作

如果没有专门的器械，你可以使用奥林匹克杆来做这个动作。杠铃的一端保持在地面，固定在墙角或深蹲机架下。

优势

这个动作能够锻炼三角肌，同时把肩部受伤的风险降到最低，因为它和其他锻炼肩部的基本动作不同，动作过程中手臂不会完全举过头顶。

劣势

推动的角度不一定与实地训练的角度相同。对需要身体接触的运动而言，双腿尽量保持一定的弯曲度，以改变肌肉的锻炼角度。

⚠ 危险

和肩部推举一样，驼背时虽然身体的力量会增加，但三角肌的锻炼程度会降低，腰部也无法得到完整的锻炼。

推拉同步的混合转体

对运动员的益处

这项基础练习针对所有肌肉，尤其是上身肌肉（前臂肌肉、胸肌、肱三头肌、背部肌肉和肱二头肌），有助于增强核心力量。

针对哪些运动

所有需要身体接触、转体、大量使用肩部和手臂的运动。

站在器械上，一条腿向前，另一条腿向后，保持身体稳定，抓紧手柄❶。身体以双脚为支撑，背部保持笔直，一条手臂向前推，另一条手臂向后拉，动作连续进行❷。

仔细观察

一个动作只是一组练习的一半，只有两条手臂都做了推拉动作之后，才算做完一整组。所以你需要在器械上180度转身。

注意

每半组甚至一整组动作做完并休息之后，你可以采用传统方式进行练习，或者循环训练，以增强耐力和力量。

变型动作

Ⓐ 你可以单臂练习，也可以两条手臂同时锻炼。单臂练习时，你可以根据自己的目标或者运动项目的要求，只练习推或拉，但是最好两条手臂同时锻炼，以减小前肩和后肩力量不平衡的风险，这个问题在运动员群体中很常见。

Ⓑ 做练习时，搭配上身转体，这样可以加大运动幅度。

C 做这个动作时，你可以搭配上身抗旋转练习（参见"旋转的问题"，第43页）。你可以使用腹外斜肌阻止上身运动，与此同时，双臂保持运动。这种阻碍会减小手臂的运动幅度。

D 只以旋转的方式进行锻炼，双臂保持不动，它们的作用只是把身体和器械联系在一起。这种变型动作针对的是核心肌群、旋转肌和下背部肌肉。

E 如果没有器械，你可以使用两根固定在半身高度的弹力带进行练习，一根固定在身前，另一根固定在身后。动作的第一个阶段结束之后，180度转身，接着进行另外半组练习。

超级练习

你可以把推拉同步混合转体和炮台推举（参见第150~153页）连起来做，中间不要休息，这样可以在几分钟内锻炼所有肌肉，同时耐力也可以得到增强。

优势

这个动作能够调动上身的所有肌肉，锻炼整个肩部。完整的练习能够让你同时锻炼肩部前推和后拉的力量，减小肩部力量失衡的风险，降低病症出现的概率。

劣势

虽然这些器械很普遍，但也不是所有的健身场馆里都有。

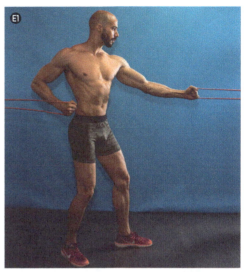

⚠ 危险

如果腰部有问题，不要做这个动作。

龙门架耸肩

对运动员的益处

这项练习针对的是斜方肌的上部和中部。这是一些需要预防伤痛的重要部位，因为它们通常很难被锻炼到。

把滑轮大致调整到膝关节附近。身体面朝龙门架站立，抓紧手柄，双手处于半内旋或中立位 ❶。手臂略微弯曲，让肩部耸起，斜方肌收缩，肩胛骨夹紧 ❷。保持姿态1秒，然后回到初始位置。

针对哪些运动

所有格斗和有身体接触的运动，以及所有容易导致肩部或颈部疼痛的运动，如汽车、摩托车或自行车运动。

仔细观察

从龙门架稍微后退几步可以改变斜方肌的锻炼角度。双脚不要平行站立，否则难以保持身体稳定。双腿可以弓步站立。

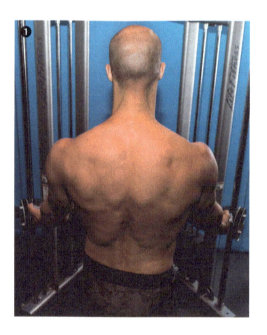
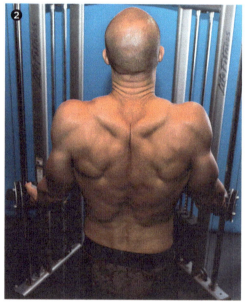

变型动作

在锻炼开始前进行场地热身时，两条固定在前方膝盖高度的弹力带可以提供阻力。

优势

不同于传统耸肩和德拉威尔耸肩练习，这项针对斜方肌的练习能够预防颈部受伤。

劣势

这个动作比看起来更加复杂，必须经过一段时间的学习才能掌握，并让正确的肌肉得到锻炼。

⚠ 危险

任何针对斜方肌上部的锻炼都有可能对颈椎造成伤害。头部保持笔直，稍微后仰。锻炼时要专心致志，不要在动作过程中扭头。

仰卧起坐

对运动员的益处

这项练习能够锻炼核心肌群和髋部屈肌。

针对哪些运动

所有需要强有力的腹部和需要抬腿或膝关节来加快速度的运动。

躺在地上，双腿弯曲，双脚固定在器械或把杆下方，或者让伙伴按住，肩部慢慢抬起，让整个上身离开地面。身体屈曲至上身贴近大腿。随后回到起始姿态，不要突然中断。

变型动作

Ⓐ 你可以在胸部上方举一个哑铃，增加肌肉需要克服的阻力。

Ⓑ 除了地面，你也可以在健身凳上做仰卧起坐，用不同的方式来改变上身倾斜的角度，以增加难度。

Ⓒ 除了完全直起上身以外，你可以采用交叉肘触膝的方式，即让右肘碰触左膝，然后左肘触碰右膝。这样的仰卧起坐能够增加腹部斜肌的锻炼程度，增强旋转肌、腹肌，尤其是腹肌的力量。

Ⓓ 如果双脚没有固定，你可以更好地只针对腹肌进行锻炼，但是辅助抬腿的肌肉（股直肌、阔筋膜张肌）就无法得到足够的刺激，对很多运动员而言，这是一种严重的浪费。

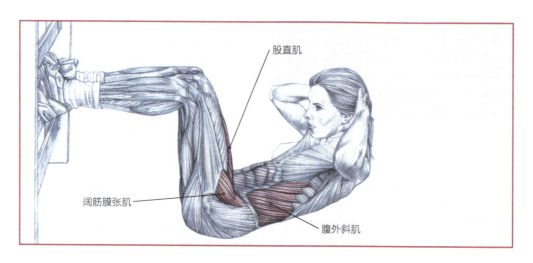

股直肌

阔筋膜张肌

腹外斜肌

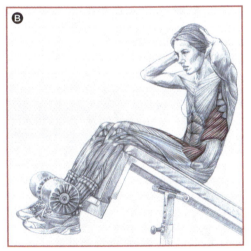

优势

仰卧起坐是一个比表面看起来更加完整的动作，它可以有效锻炼髋部屈肌和核心肌群。

劣势

股直肌主要以等长收缩的形式得到锻炼，因此仰卧起坐不是唯一一种能增强抬腿力量的动作。

⚠ 危险

为了刺激髋部屈肌，脚尖用力程度会增大，腰部承受的压力会变大。腰椎间盘哪怕有一丝疼痛出现，就要避免做这项练习。

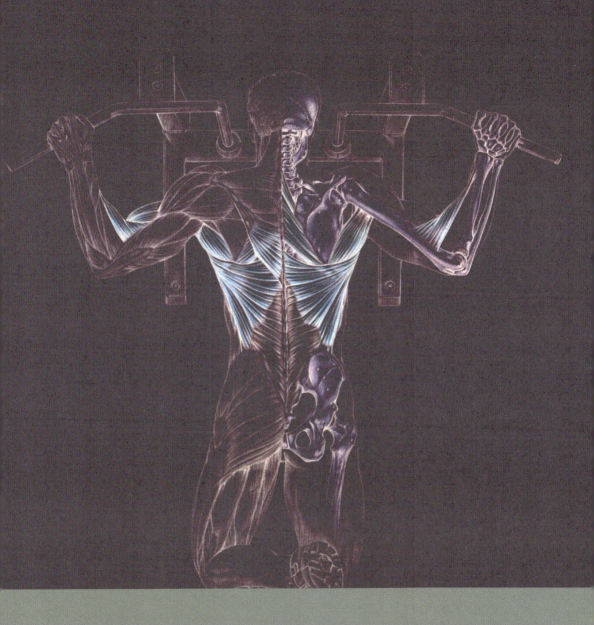

第 3 部分

分类运动锻炼计划

第15章 准备锻炼

在这部分内容中，你能找到一些针对不同水平运动员的主要运动项目的训练计划。计划分为以下3个阶段。

（1）如果你刚开始力量训练，请使用针对你的运动项目的初阶计划。

（2）当你感觉游刃有余之后，可以使用高阶计划。

（3）最终目标是你能够结合自己的经验、需求、本书提供的建议，制订个性化的计划，实现效率最大化。

除了针对不同运动的特定计划之外，我们还制订了一些针对肌肉的恢复计划。例如，如果你从事的运动常常让你感觉背痛，你就应该重点锻炼支撑腰部的肌肉。本书也推荐了一些典型的热身练习和恢复计划。

是否应当提前规划训练

你的训练不仅应当有一个长期计划，也应当遵循下面这个思路：所从事运动的训练强度越大，力量训练的量要相应减少。

同理，在进行强度较大的力量训练之后，要进行强度较低、次数较多的轻量训练，因为强度较大的锻炼需要更长的恢复期。相反，进行强度较小的训练之后，有必要进行一次强度较大的力量训练，因为身体没有耗尽能量储备，要求的休息时间也比较短。不要等到全身疲惫的时候再减少训练量或者降低强度，那就太晚了！合理地调整休息时间，你就可以避免过度训练。

每周进行几次力量训练

科学家以不经常运动的人群为对象，分析了为期12周，每周进行2次、3次或4次力量训练对他们的影响。每次锻炼包括3组8种不同的全身练习[1]。

大腿的力量增长幅度为：

✪2次锻炼，增长18%；

✪3次锻炼，增长24%；

✪4次锻炼，增长30%。

胸肌的力量增长幅度为：

✪2次锻炼，增长21%；

✪3次锻炼，增长30%；

✪4次锻炼，增长32%。

研究发现，锻炼较少时，力量增长幅度比较显著。虽然力量训练次数增加，力量增长略快，但即使锻炼次数大幅增加，体育成绩依旧很快就会到达瓶颈。我们可以推断出，即便每周只进行1次力量训练，身体力量也能够大幅增强。理想情况下，对大部分初级水平甚至中级水平的运动员而言，每周进行2次力量训练就能达到最佳效果。锻炼刚开始时无须增加强度，因为最初的进步主要因为神经系统，并非不断增大的肌肉[1]。每组练习稍微突破极限能够弥补锻炼次数较少的不足。做一个动作时，越是接近疲惫临界点，两次力量训练之间的恢复时间越长。相反，每组练习的强度略低一些，两次力量训练之间的恢复时间就会大大缩短[2]。

第16章 力量训练或开始相关运动之前的热身计划

这些计划要在赛场运动热身或场馆内更有针对性的热身之前进行。它们可以让肌肉和心血管系统做好准备。

能够增强肌肉力量的热身

把这些力量训练作为运动前的热身项目有利于增强肌肉力量[1]。这就意味着，这种热身比传统练习更有针对性、强度更大，除了自身体重外，无须增加重量。这些力量训练不仅能够让肌肉做好准备，更能够激发神经信号的能量[2]。

上身热身计划

做1~2个循环，中间不休息，连续进行下列动作。

1 弹力带肩部内旋：20~50个。

2 弹力带肩部外旋：20~50个。

3 手臂侧平举：20~30个。

4 上身前倾手臂侧平举：20~30个。

5 划船：20~30个。

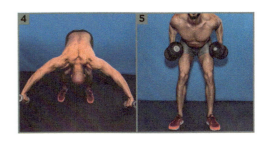

旋转运动的热身计划

做1~2个循环，中间不休息。

1 弹力带肩部内旋：20~50个。

2 弹力带肩部外旋：20~50个。

3 静态平板支撑：至少30秒。

4 弹力带站姿上身转体：每侧20~30个。

5 臀桥：20~30个。

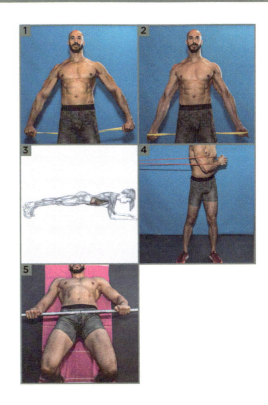

下身热身计划

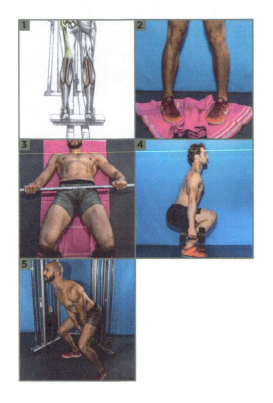

做1~2个循环，中间不休息。

1 站姿提踵：30~50个。

2 踩毛毯髋部旋转肌热身运动：50~100个。

3 臀桥：20~30个。

4 双哑铃深蹲：20~30个。

5 绳索髋屈伸：20~30个。

全身热身计划

做1~2个循环，中间不休息。

1 弹力带肩部内旋：20~50个。

2 弹力带肩部外旋：20~50个。

3 站姿提踵：30~50个。

4 划船：20~30个。

5 踩毛毯髋部旋转肌热身运动：50~100个。

6 臀桥：20~30个。

7 双哑铃深蹲：20~30个。

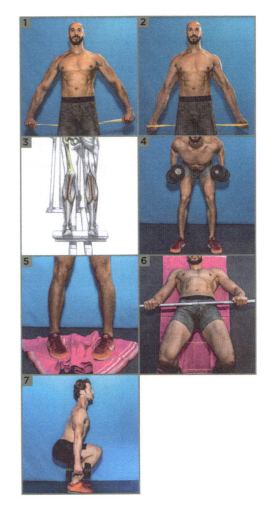

第17章　针对力量较弱部位的恢复计划

即便你不想进行一个完整的力量训练计划，你也很可能希望锻炼某个似乎特别容易疼痛的身体部位。这些具有针对性的计划的目的是改善某个影响体育成绩的因素。这些计划也可以加入你正在进行的锻炼计划之中，加快力量较弱部位的恢复。

由于一组练习结束后很快就要进行下一组，所以每组的重量都是一样的，除非你感觉自己完成既定目标已经不是问题，应当增加重量。相反，如果你无法完成目标，就必须把重量减轻，不要犹豫。

增强肩部力量

同一个动作做2~4组，每组结束后休息30~60秒。第一个动作结束之后，立刻做下一个动作。

1 炮台推举：10~12个。

2 上身前倾手臂侧平举：10~15个。

3 手臂侧平举：12~15个。

增强肩部回旋的力量与稳定性

做2~5个循环，中间不休息。

1 弹力带肩部外旋：20~50个。

2 弹力带肩部内旋：20~50个。

3 上身前倾手臂侧平举：10~15个。

增强上身的回旋力量

做2~5个循环，每组之间休息十几秒。

1 侧身平板支撑：每侧至少30秒。

2 仰卧半坐姿＋转体肘碰膝：每侧15~20个。

3 弹力带站姿上身转体：每侧20~30个。

增强核心肌肉力量

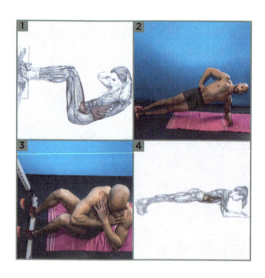

连做3个循环，休息时间越短越好。

1 仰卧起坐：20~30个。

2 侧身平板支撑：每侧至少30秒。

3 仰卧半坐姿＋转体肘碰膝：每侧20~30个。

4 静态平板支撑：至少1分钟。

增强内收肌力量

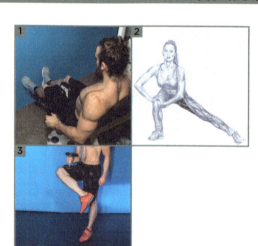

连续做2~5个循环，每组之间休息十几秒。

1 大腿内收：20~30个。

2 侧身箭步蹲：每条腿12~20个。

3 髋部旋转抬腿，锻炼缝匠肌：每条腿30~50个。

增强上背部肌肉力量

每个动作做2~4组，每组结束后休息30~60秒。一个动作结束后，立刻做下一个动作。

1 固定杠引体向上：8~12个。

2 上身前倾手臂侧平举：10~15个。

3 龙门架耸肩：20~30个。

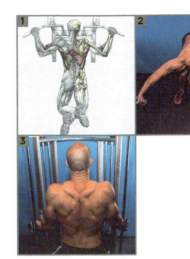

增强下背部肌肉力量

每个动作做2~4组，每组结束后休息30~60秒。一个动作结束后，立刻做下一个动作。

1 划船：12~20个。

2 反向腿弯举：10~15个。

3 臀桥：20~30个。

腰部肌肉力量薄弱和上身重量较大：这两个因素会不断加大受伤的风险

腰部肌肉力量薄弱和上身重量较大有可能导致背部疼痛。前者也经常会导致腿部受伤[1]。因此，锻炼腰部肌肉力量至关重要，如果你的体重较大，而且对手想要把你摔倒时，如橄榄球运动中，它就更重要了。

增强手臂拉力

前两个动作：各做2~4组，每组结束后休息30~60秒。第一个动作结束后，立刻做下一个动作。后两个动作做3~4组，中间不休息。

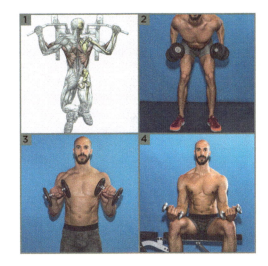

1 固定杠引体向上：6~12个。

2 划船：10~15个。

3 正握腕弯曲：15~20个。

4 腕部弯举：20~30个。

如果只使用右手，左手应当锻炼吗

当然要锻炼，这是我们的答案。一些研究表明，身体对任何刺激的反应都是双侧的。例如，只牵拉右侧肌肉时，左侧肌肉的柔韧性也会得到增强。锻炼右侧肌肉时，左侧对应的肌肉的力量也会增强。单侧锻炼对身体两侧都有益处，这源自神经系统的适应能力，它试图让左右两侧保持平衡。因此，我们建议对两条手臂和两条腿进行同样的锻炼，帮助身体保持平衡。

双侧锻炼的一个好处是，如果受伤或者严重的疼痛导致右侧无法锻炼，锻炼左侧对右侧也有好处。例如，对一条手臂进行为期3周的力量训练让这条手臂力量增强了29%，令人吃惊的是，另一条没有进行任何锻炼的手臂的力量也增强了18%。神经系统的适应能力减缓了不能运动的肢体的力量减弱的速度[2]。

增强手臂推力

同一个动作做2~4组，每组结束后休息30~60秒。一个动作做完后，立刻做下一个动作。

1 炮台推举：10~12个。

2 臂屈伸卧推：10~15个。

3 腕部伸展：20~30个。

增强前臂内侧力量，防止高尔夫球肘

连做4个循环，休息时间越短越好。

1 握力器手指弯曲：50~100个。

2 腕部弯举：20~30个。

增强前臂外侧力量，防止网球肘

连做4个循环，休息时间越短越好。

1 手指伸展：50~100个。

2 腕部伸展：20~30个。

3 正握腕弯曲：15~20个。

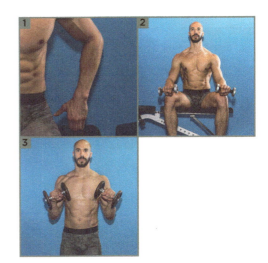

保护颈部

连做4个循环，休息时间越短越好。

1 龙门架耸肩：20~30个。

2 手臂侧平举，越高越好：15~20个。

增强髋部旋转肌力量

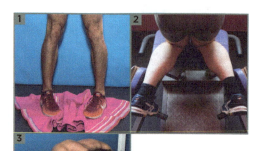

连做2~5个循环，中间不休息。

1 踩毛毯髋部旋转肌热身运动：30~50个。

2 髋部外旋：20~30个。

3 髋部内旋：20~30个。

备注

　　这个健身计划对运动员至关重要，而且对女运动员更加重要，因为对女运动员而言，髋部旋转肌的力量更能保护十字韧带[3]。在女篮运动员群体中，对髋部旋转肌进行固定训练能够大幅减小十字韧带受伤的风险[4]。这种力量也能防止脚踝受伤，因为髋部旋转肌的力量能够让脚踝有更好的稳定性[5]。

保护膝盖

连做3个循环，休息时间越短越好。

1 腿弯举（卧姿或坐姿）：10~15个。

2 踩毛毯髋部旋转肌热身运动：30~50个。

3 站姿提踵：20~30个。

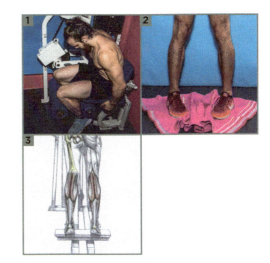

备注
注意这项计划只起到预防作用！它无法替代膝关节十字韧带撕裂之后的康复练习。在这种情况下，只有外科手术才能修复韧带。这也是要预防这种在某些运动中司空见惯的病症的原因。

保护腘绳肌

连做3个循环，休息时间越短越好。

1 剃刀弯举（只做下降动作）：15~20个。

2 绳索髋屈伸：12~20个。

3 蹬腿：双脚踩在踏板高处，8~12个。

4 腿弯举（卧姿或坐姿）：10~15个。

腘绳肌撕裂

　　在所有需要奔跑的运动中，腘绳肌撕裂都很常见，而且严重影响运动员的状态。在职业足球运动员群体中，腘绳肌离心力量不足、股四头肌（过强）和腘绳肌（过弱）的力量不平衡是导致受伤的两大主要因素[6]。这些不平衡在职业运动员身上很常见，在业余运动员身上或许更明显。正确的力量训练计划能够恢复力量平衡。

增强大腿力量

同一个动作连续做2~4组，每组结束后休息30~60秒。一个动作结束之后，立刻做下一个。

1️⃣ 深蹲机或六角杠铃深蹲：6~8个。

2️⃣ 腿弯举（卧姿或坐姿）：10~15个。

3️⃣ 臀桥：20~30个。

增强小腿力量

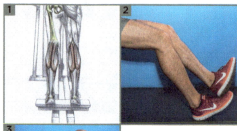

连续做3个循环，休息时间越短越好。

1 站姿提踵：20~30个。

2 足尖抬起：20个负向练习。

3 蹲姿提踵：30~50个。

跟腱断裂

除了年龄引起的跟腱老化以外，大部分的跟腱断裂是体育活动引起的，尤其是球类运动[7]。跟腱锻炼发生在运动员突然冲刺或跳跃时，因此必须增强肌肉抵抗过度牵拉的能力，着重增强跟腱的离心力量，而非柔韧性。

增强骨骼力量，防止在可能出现跌落的运动（自行车、摩托车、滑雪等）或近身运动（橄榄球、格斗等）中出现骨折

每个动作做2~3组，每组结束后休息30~60秒。每个动作结束之后，立刻做下一个动作。

1 手臂侧平举：15~20个。

2 双哑铃深蹲：10~15个。

3 窄距卧推：10~15个。

4 正握腕弯曲：15~20个。

5 站姿提踵：15~20个。

6 反向腿弯举：15~20个。

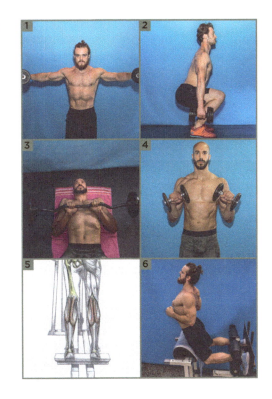

第18章 针对跑步及主要田径运动的锻炼计划

高度依赖肌腱的短跑

■ 被调动的主要肌群

短跑严重依赖下身肌群、核心肌群和上身旋转肌。运动员越依赖肌腱，就越需要调动臀肌和腘绳肌。小腿的高强度锻炼不会让运动员苦不堪言。

■ 为预防受伤而需要增强的身体部位

最常见的病症涉及整个背部肌肉、髋部旋转肌、膝关节、腘绳肌和脚踝。

■ 要求的肌肉特质

短跑需要有爆发力，所以最好根据冲刺的距离来决定锻炼的每组动作的个数。

❂ 60米：4~6个。

❂ 100米：6~10个。

❂ 400米：20~30个。

注意每个动作之间要有几分钟的休息时间。400米短跑比100米短跑更需要耐力，所以休息时间可以减少几秒。

初阶计划

每周锻炼1~2次。

1 箭步蹲：每条腿4组。

2 仰卧半坐姿＋转体肘碰膝：每侧4组。

3 反向腿弯举：3组。

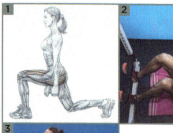

4 卧姿腿弯举：3组。

5 站姿提踵：4组。

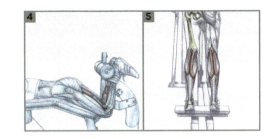

高阶计划

每周至少锻炼2次。

1 箭步蹲：每条腿5组。

2 抬腿：尽量向上抬到最高，每条腿4组。

3 臀桥：4组。

4 仰卧半坐姿+转体肘碰膝：每侧4组。

5 反向腿弯举：3组。

6 站姿提踵：5组。

7 卧姿腿弯举：3组。

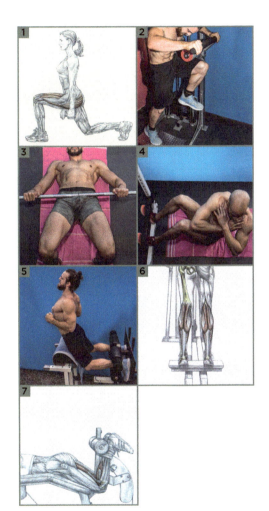

高度依赖肌肉的短跑

■ 被调动的主要肌群

短跑严重依赖下身肌群、核心肌群和上身旋转肌。运动员越依赖肌肉，就越需要调动股四头肌。小腿的高强度锻炼会让运动员比较痛苦，应当把重心放在髋部屈肌的锻炼上。

■ 为预防受伤而需要增强的身体部位

最常见的病症涉及整个背部肌肉、髋部旋转肌、膝关节、腘绳肌和脚踝。

■ 要求的肌肉特质

短跑需要有爆发力，所以最好根据冲刺的距离来决定锻炼的每组动作的个数。

✪ 60米：6~8个。

✪ 100米：8~12个。

✪ 400米：20~30个。

注意每个动作之间要有几分钟的休息时间。400米短跑比100米短跑更需要耐力，所以休息时间可以减少几秒。

初阶计划

每周锻炼1~2次。

1 箭步蹲：每条腿4组。

2 抬腿：尽量向上抬到最高，每条腿4组。

3 反向腿弯举：3组。

4 仰卧半坐姿+转体肘碰膝：每侧4组。

5 卧姿腿弯举：3组。

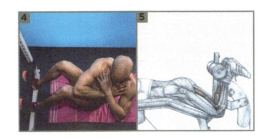

高阶计划

　　每周至少锻炼2次。

1 箭步蹲：每条腿5组。

2 抬腿：尽量向上抬到最高，每条腿
4组。

3 反向腿弯举：3组。

4 仰卧半坐姿+转体肘碰膝：每侧4组。

5 蹬腿：3组。

6 卧姿腿弯举：3组。

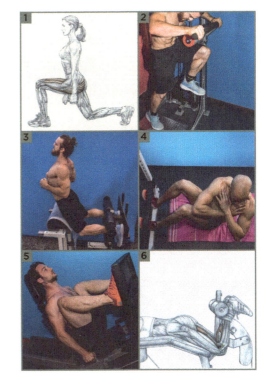

跨栏跑步

■ 被调动的主要肌群

跨栏跑严重依赖下身肌群、核心肌群和上身旋转肌。栏架越高，髋部屈肌和内收肌就越重要。因此，运动员应该有一个比较灵活的髋部。

■ 为预防受伤而需要增强的身体部位

最常见的病症涉及整个背部肌肉、髋部旋转肌、膝关节、腘绳肌和脚踝。

■ 要求的肌肉特质

跨栏跑需要有爆发力，因此最好根据冲刺的距离来决定锻炼的每组动作的个数。

- 60米：6~8个。
- 110米：10~15个。
- 400米：20~30个。

注意每个动作之间要有几分钟的休息时间。400米短跑比100米短跑更需要耐力，所以休息时间可以减少几秒钟。

初阶计划

每周锻炼1~2次。

1 侧身箭步蹲：每条腿4组。

2 抬腿：尽量向上抬到最高，每条腿4组。

3 反向腿弯举：3组。

4 仰卧半坐姿＋转体肘碰膝：每侧4组。

高阶计划

每周至少锻炼2次。

1 侧身箭步蹲：每条腿5组。

2 抬腿：尽量向上抬到最高，每条腿5组。

3 反向腿弯举：4组。

4 大腿外展：5组。

5 仰卧半坐姿＋转体肘碰膝：每侧4组。

6 站姿提踵：5组。

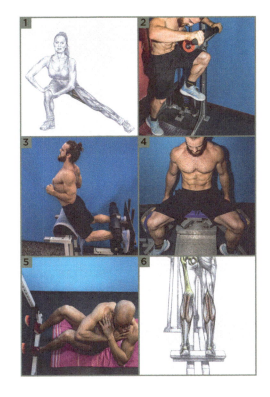

跳　高

■ **被调动的主要肌群**

跳高主要依赖下身肌群、核心肌群、上身旋转肌和髋部肌肉。

■ **为预防受伤而需要增强的身体部位**

最常见的病症涉及整个背部肌肉、腹部肌肉、髋部旋转肌、膝关节、腘绳肌和脚踝。

■ **要求的肌肉特质**

跳高需要灵活性和爆发力，所以锻炼时可以采用正常组数，但时间较短，每组4~12个。注意每组练习之间、不同动作之间要有几分钟的休息时间。

初阶计划

每周锻炼1~2次。

1 侧身箭步蹲：每条腿4组，每组6~10个。

2 抬腿：尽量向上抬到最高，每条腿3组，每组4~8个。

3 反向腿弯举：4组，每组10~12个。

4 仰卧半坐姿＋转体肘碰膝：每侧3组，每组10~12个。

高阶计划

每周至少锻炼2次。

1 侧身箭步蹲：每条腿4组，每组6~10个。

2 抬腿：尽量向上抬到最高，每条腿3组，每组4~6个。

3 反向腿弯举：4组，每组10~12个。

4 站姿提踵：4组，每组8~12个。

5 仰卧半坐姿+转体肘碰膝：每侧3组，每组8~12个。

6 臀桥：4组，每组6~10个。

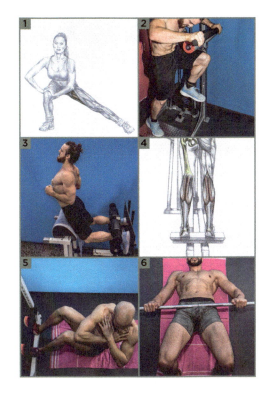

跳远和三级跳远

■ **被调动的主要肌群**

跳远和三级跳远严重依赖下身肌群、肩部肌肉，上身和髋部旋转肌。

■ **为预防受伤而需要增强的身体部位**

最常见的病症涉及整个下背部肌肉、髋部旋转肌、膝关节、腘绳肌和脚踝。

■ **要求的肌肉特质**

这两种跳远需要灵活性和爆发力，所以锻炼时可以采用正常组数，但时间较短，每组4~12个。注意每组练习之间、不同动作之间要有几分钟的休息时间。

初阶计划

每周锻炼1~2次。

1 箭步蹲：每条腿4组，每组6~10个。

2 抬腿：尽量向上抬到最高，每条腿3组，每组4~8个。

3 反向腿弯举：4组，每组10~12个。

4 仰卧起坐：4组，每组10~12个。

5 站姿提踵：4组，每组8~12个。

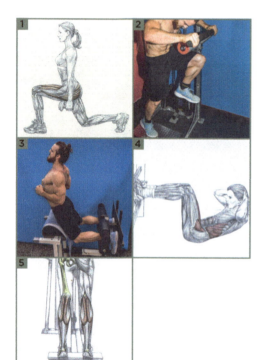

高阶计划

每周至少锻炼2次。

1 箭步蹲：每条腿4组，每组8~12个。

2 抬腿：尽量向上抬到最高，每条腿3组，每组4~8个。

3 反向腿弯举：4组，每组10~12个。

4 窄距卧推：4组，每组8~12个。

5 臀桥：4组，每组8~12个。

6 仰卧起坐：4组，每组10~12个。

7 站姿提踵：4组，每组8~12个。

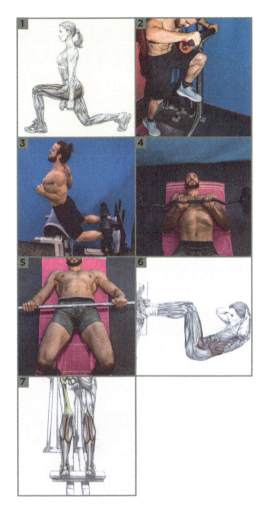

撑竿跳

■ **被调动的主要肌群**

撑竿跳严重依赖下身肌群、肩部肌肉、上身和髋部旋转肌。

■ **为预防受伤而需要增强的身体部位**

最常见的病症涉及整个下背部肌肉、肘部、手腕、肩部、腹部、髋部旋转肌、膝关节和踝关节。

■ **要求的肌肉特质**

撑竿跳需要灵活性和爆发力，所以锻炼时可以采用正常组数，但时间较短，每组4~12个。注意每组练习之间、不同动作之间要有几分钟的休息时间。

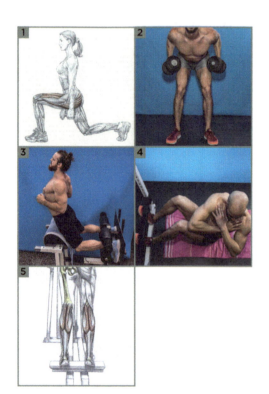

初阶计划

每周锻炼1~2次。

1 箭步蹲：每条腿4组，每组8~12个。

2 划船：4组，每组8~12个。

3 反向腿弯举：4组，每组10~12个。

4 仰卧半坐姿＋转体肘碰膝：每侧3组，每组10~12个。

5 站姿提踵：4组，每组8~12个。

高阶计划

　　每周至少锻炼2次。

1 箭步蹲：每条腿4组，每组8~12个。

2 划船：4组，每组8~12个。

3 抬腿：尽量向上抬到最高，每条腿3组，每组10~12个。

4 反向腿弯举：4组，每组10~12个。

5 窄距卧推：4组，每组8~12个。

6 仰卧半坐姿+转体肘碰膝：每侧3组，每组10~12个。

7 站姿提踵：4组，每组8~12个。

中长跑和长跑

■ **被调动的主要肌群**

中长跑和长跑严重依赖下身肌群、核心肌群和上身旋转肌。

■ **为预防受伤而需要增强的身体部位**

最常见的病症涉及下背部肌肉、髋部旋转肌、膝关节、腘绳肌和脚踝。

■ **要求的肌肉特质**

中长跑和长跑需要有爆发力和耐力，因此必须进行循环训练，根据跑步的距离来决定每组的个数。

✪800米：20~30个。

✪1 500米：30~40个。

✪超过1 500米：大约50个。

注意每个动作和每个循环之间的休息时间要很短（最多十几秒）。

初阶计划

每周锻炼1~2次。每次2~3个循环。

1 箭步蹲。

2 反向腿弯举。

3 仰卧半坐姿+转体肘碰膝。

4 站姿提踵。

高阶计划

　　每周至少锻炼2次。每次3~4个循环。

1 箭步蹲。

2 抬腿：尽量向上抬到最高。

3 反向腿弯举。

4 仰卧半坐姿＋转体肘碰膝。

5 卧姿腿弯举。

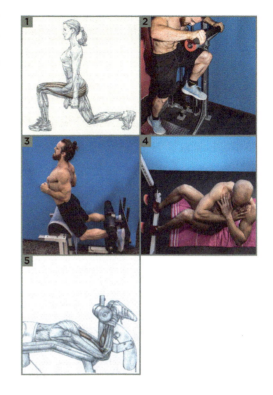

竞 走

■ 被调动的主要肌群

竞走严重依赖下身肌群、核心肌群和上身旋转肌。核心肌群起到的作用不仅是支撑背部或收紧腹部。研究表明，在耐力型运动员群体中，腹部力量不足常常和身体侧面问题有关[1]。斜肌的力量越强，侧面问题出现的频率越低。因此，增强核心肌群力量是减少病症出现的上佳策略。

■ 为预防受伤而需要增强的身体部位

最常见的病症涉及下背部肌肉、髋部旋转肌、膝关节和脚踝。

■ 要求的肌肉特质

竞走需要耐力，因此必须进行循环训练，根据竞走的距离来决定每组的个数，每个动作和每个循环之间的休息时间要很短。

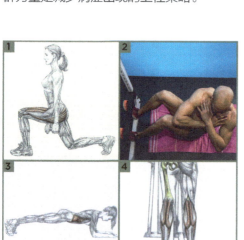

初阶计划

每周锻炼1~2次。每次2~3个循环。

1 箭步蹲：每条腿30~50个。

2 仰卧半坐姿+转体肘碰膝：每侧25~30个。

3 静态平板支撑：至少1分钟。

4 站姿提踵：30~50个。

高阶计划

　　每周至少锻炼2次。每次3~4个循环。

1 箭步蹲：每条腿30~50个。

2 反向腿弯举：20~30个。

3 仰卧半坐姿+转体肘碰膝：每侧25~30个。

4 臀桥：30~50个。

5 静态平板支撑：至少1分钟。

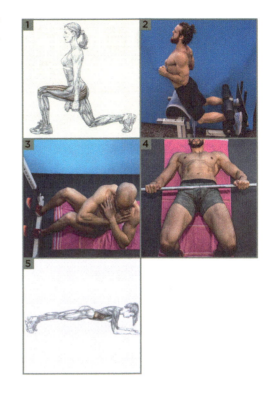

第19章 针对球类集体运动的锻炼计划

足 球

■ **被调动的主要肌群**

足球主要依赖下身肌群、核心肌群和上身旋转肌。

■ **为预防受伤而需要增强的身体部位**

最常见的病症涉及下背部肌肉、髋部旋转肌、腘绳肌、膝关节和踝关节。

■ **要求的肌肉特质**

对近十年来的高水平比赛的分析表明，现今的比赛对爆发力和速度的要求越来越高，力量训练也显得愈发重要[1]。

足球不仅需要爆发力，还需要耐力。因此必须进行中等训练量的循环练习，同时要注意动作和每个循环之间要有十几秒的休息时间。

初阶计划

每周锻炼1~2次。每次3~6个循环。

1 箭步蹲：每条腿12~20个。

2 仰卧半坐姿+转体肘碰膝：每侧12~20个。

3 站姿提踵：20~30个。

4 大腿内收：20~30个。

5 大腿外展：20~30个。

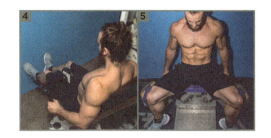

高阶计划

每周至少锻炼2次。每次3~4个循环。

1 箭步蹲：每条腿12~20个。

2 仰卧半坐姿＋转体肘碰膝：每侧12~
20个。

3 站姿提踵：20~30个。

4 大腿内收：20~30个。

5 髋部旋转抬腿：每条腿20~30个。

6 大腿外展：20~30个。

7 反向腿弯举：20~30个。

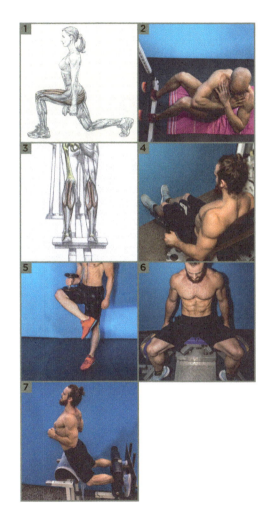

橄榄球

■ 被调动的主要肌群

橄榄球要调动全身肌肉，尤其是腿部肌肉，上身和髋部旋转肌。

■ 为预防受伤而需要增强的身体部位

最常见的病症涉及整个背部、肩部、髋部旋转肌、腘绳肌、膝关节和踝关节。

■ 要求的肌肉特质

橄榄球不仅需要爆发力，还需要力量和耐力。因此必须进行中等训练量的循环练习，同时要注意动作和每个循环之间要有十几秒的休息时间。

初阶计划

每周锻炼 1~2 次。每次 3~6 个循环。

1 箭步蹲：每条腿 12~20 个。

2 仰卧半坐姿＋转体肘碰膝：每侧 12~20 个。

3 站姿提踵：12~20 个。

4 划船：12~20 个。

5 反向腿弯举：20~30 个。

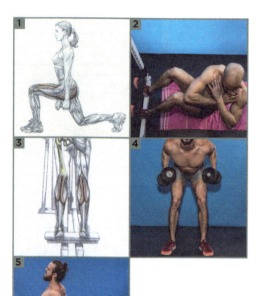

高阶计划

　　每周至少锻炼2次。每次3~4个循环。

1 箭步蹲：每条腿12~20个。

2 仰卧半坐姿+转体肘碰膝：每侧12~
20个。

3 腿弯举（卧姿或坐姿）：10~15个。

4 划船：12~20个。

5 反向腿弯举：20~30个。

6 龙门架耸肩：12~20个。

7 站姿提踵：12~20个。

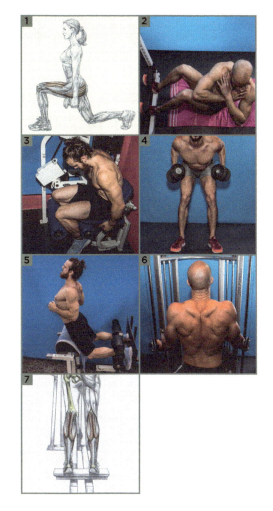

美式足球

■ **被调动的主要肌群**

美式足球要调动全身肌肉，尤其是腿部肌肉，上身和髋部旋转肌，以及胸肌、肱三头肌和肩部肌群。

■ **为预防受伤而需要增强的身体部位**

最常见的病症涉及整个背部、肩部、髋部旋转肌、腘绳肌、膝关节和踝关节。

■ **要求的肌肉特质**

美式足球不仅需要爆发力，还需要力量和耐力。因此必须进行中等训练量的循环练习，同时要注意动作和循环之间要有十几秒的休息时间。完成一个循环之后休息1分钟，不要立刻开始下一个循环。

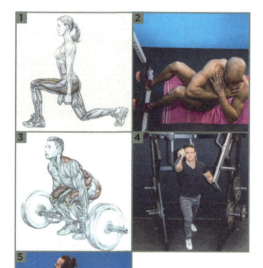

初阶计划

每周锻炼1~2次。每次3~6个循环。

1 箭步蹲：每条腿12~20个。

2 仰卧半坐姿＋转体肘碰膝：每侧12~20个。

3 六角杠铃或哑铃深蹲：8~12个。

4 炮台推举：10~12个。

5 反向腿弯举：20~30个。

高阶计划

每周至少锻炼2次。每次3~4个循环。

1 箭步蹲：每条腿12~20个。

2 仰卧半坐姿＋转体肘碰膝：每侧12~20个。

3 六角杠铃或哑铃深蹲：8~12个。

4 炮台推举：10~12个。

5 反向腿弯举：20~30个。

6 龙门架耸肩：12~20个。

7 臂屈伸卧推：6~10个。

篮　球

■ 被调动的主要肌群

篮球要调动下半身肌肉，胸肌、肱三头肌和肩部肌群，上身和髋部旋转肌。

■ 为预防受伤而需要增强的身体部位

最常见的病症涉及肩部、背部、髋部旋转肌、腘绳肌、膝关节和踝关节。

■ 要求的肌肉特质

篮球需要爆发力和耐力，因此必须进行中等训练量的循环练习，同时要注意动作和循环之间要有十几秒的休息时间。

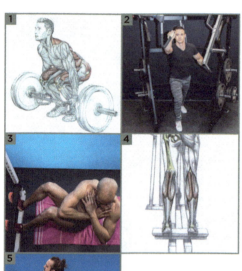

初阶计划

每周锻炼1~2次。每次3~6个循环。

1 六角杠铃或哑铃深蹲：8~12个。

2 炮台推举：10~12个。

3 仰卧半坐姿＋转体肘碰膝：每侧12~20个。

4 站姿提踵：20~30个。

5 反向腿弯举：20~30个。

高阶计划

每周至少锻炼2次。每次3~4个循环。

1 六角杠铃或哑铃深蹲：8~12个。

2 炮台推举：10~12个。

3 上身前倾手臂侧平举：10~15个。

4 仰卧半坐姿＋转体肘碰膝：每侧12~20个。

5 绳索髋屈伸：12~20个。

6 站姿提踵：20~30个。

7 反向腿弯举：20~30个。

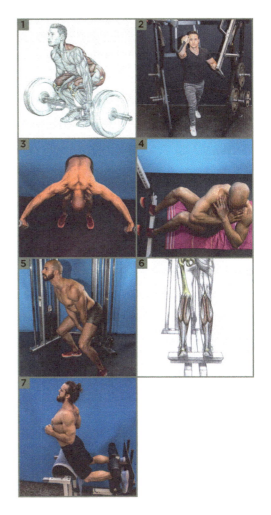

■ 被调动的主要肌群

　　手球要调动下半身肌肉，胸肌、肱三头肌和肩部肌群，以及上身和髋部旋转肌。

■ 为预防受伤而需要增强的身体部位

　　最常见的病症涉及肩部、背部、髋部旋转肌、腘绳肌、膝关节和踝关节。

■ 要求的肌肉特质

　　手球需要爆发力和耐力，因此必须进行中等训练量的循环练习，同时要注意动作和循环之间要有十几秒的休息时间。

初阶计划

　　每周锻炼1~2次。每次3~6个循环。

1 箭步蹲：12~20个。

2 悬挂飞鸟：6~10个。

3 仰卧半坐姿+转体肘碰膝：每侧12~20个。

4 站姿提踵：20~30个。

5 弹力带站姿上身转体：每侧20~30个。

高阶计划

每周至少锻炼2次。每次3~4个循环。

1 箭步蹲：12~20个。

2 悬挂飞鸟：6~10个。

3 上身前倾手臂侧平举：10~15个。

4 仰卧半坐姿+转体肘碰膝：每侧12~20个。

5 弹力带站姿上身转体：每侧20~30个。

6 站姿提踵：20~30个。

7 反向腿弯举：20~30个。

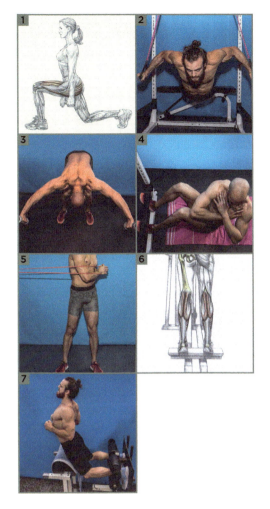

排 球

■ **被调动的主要肌群**

排球要调动下半身肌肉，胸肌、肱三头肌和肩部肌群，以及上身和髋部旋转肌。

■ **为预防受伤而需要增强的身体部位**

最常见的病症涉及肩部、背部、髋部旋转肌、腘绳肌、膝关节和踝关节。

在排球运动员群体中，包括高水平运动员，常出现冈下肌萎缩的问题。这种情况有可能导致肩部出现问题[2]。只有力量训练能够减少这种特定的病症因素，延长运动员的职业生涯。

■ **要求的肌肉特质**

排球需要爆发力和耐力，因此必须进行中等训练量的循环练习，同时要注意动作和循环之间要有十几秒的休息时间。

初阶计划

每周锻炼1~2次。每次3~6个循环。

1 六角杠铃或哑铃深蹲：8~12个。

2 悬挂飞鸟：6~10个。

3 仰卧半坐姿＋转体肘碰膝：每侧12~20个。

4 站姿提踵：20~30个。

5 弹力带站姿上身转体：每侧20~30个。

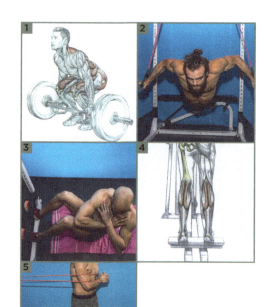

高阶计划

每周至少锻炼2次。每次3~4个循环。

1 六角杠铃或哑铃深蹲：8~12个。

2 悬挂飞鸟：6~10个。

3 上身前倾手臂侧平举：10~15个。

4 仰卧半坐姿+转体肘碰膝：每侧12~20个。

5 炮台推举：10~12个。

6 站姿提踵：20~30个。

7 反向腿弯举：20~30个。

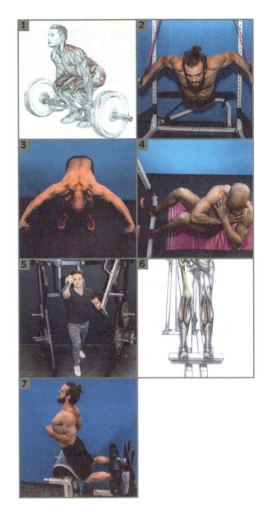

第20章　针对高尔夫球和旋转运动的锻炼计划

高尔夫球运动

■ **被调动的主要肌群**

高尔夫球运动主要调动上身旋转肌，肩部和背部肌肉，保证稳定性的核心肌群和腿部肌肉。肌肉越强，尤其是大腿部位，挥杆的力度越大[1]。

■ **为预防受伤而需要增强的身体部位**

最常见的病症涉及肩部、背部、髋部旋转肌和前臂。

■ **要求的肌肉特质**

高尔夫球运动需要爆发力和耐力，因此必须进行中等训练量的循环练习，同时要注意动作和循环之间要有十几秒的休息时间。

初阶计划

每周锻炼1~2次。每次3~6个循环。

1 六角杠铃或哑铃深蹲：8~12个。

2 上身前倾手臂侧平举：10~15个。

3 仰卧半坐姿＋转体肘碰膝：每侧12~20个。

4 弹力带肩部外旋：20~30次。

5 静态平板支撑：至少1分钟。

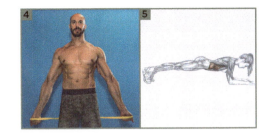

高阶计划

　　每周至少锻炼2次。每次3~4个循环。

1 六角杠铃或哑铃深蹲：8~12个。

2 弹力带站姿上身转体：每侧20~30个。

3 上身前倾手臂侧平举：10~15个。

4 仰卧半坐姿+转体肘碰膝：每侧12~20个。

5 弹力带肩部外旋：20~30个。

6 静态平板支撑：至少1分钟。

7 反向腿弯举：20~30个。

射 箭

■ 被调动的主要肌群

射箭时肩部、手臂承受了很大的压力。这项运动也要求具有优秀的核心力量、腰部回旋能力以及稳定的双腿。脊柱起到了连接双臂和双腿的作用，腹部肌肉在核心功能和反向旋转这两方面都起到了至关重要的作用。

■ 为预防受伤而需要增强的身体部位

最常见的病症涉及肩部和前臂[2]，因此在任何训练之前，都必须对肩部旋转肌进行专门的热身。

■ 要求的肌肉特质

射箭是一项爆发力很强的运动，但随着运动的持续进行，它也需要耐力。因此必须以正常训练量的组数进行锻炼，每组时间较短，同时注意根据自己的射箭频率安排休息时间。

初阶计划

每周锻炼 1~2 次。每次 3~6 个循环。

1 上身前倾手臂侧平举：10~15 个。

2 划船：15~20 个。

3 反向腿弯举：20~30 个。

4 正握腕弯曲：15~20次。

5 弹力带站姿上身转体（反旋转）：每侧
20~30次。

高阶计划

    每周至少锻炼2次。每次3~4个循环。

1 手臂前举：6~12个。

2 划船：15~20个。

3 腕部弯举：20~30个。

4 六角杠铃或哑铃深蹲：8~12个。

5 反向腿弯举：20~30个。

6 手指伸展：20~30个。

7 握力器手指弯曲：20~30个。

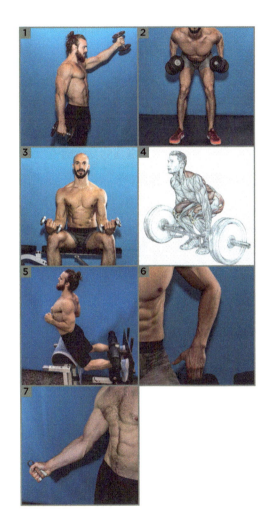

第21章 针对游泳和水上运动的锻炼计划

自由泳

■ 被调动的主要肌群

自由泳主要调动上身肌肉，下身通过髋部伸肌来发力。它也需要强有力的上身回旋力。

■ 为预防受伤而需要增强的身体部位

最常见的病症在肩部。

■ 要求的肌肉特质

自由泳要求力量和耐力，因此必须进行循环训练，每组的动作个数要多一些，动作和循环之间不要休息。

初阶计划

每周锻炼1~2次。每次3~6个循环。

1 龙门架绳索下拉：单臂交替，每条手臂20~25个。

2 仰卧半坐姿+转体肘碰膝：每侧20~30个。

3 上身前倾手臂侧平举：10~15个。

4 划船：20~25个。

5 臀桥：20~30个。

高阶计划

　　每周至少锻炼2次。每次3~4个循环。

1 龙门架绳索下拉：单臂交替，每条手臂20~25个。

2 仰卧半坐姿+转体肘碰膝：每侧20~30个。

3 上身前倾手臂侧平举：20~25个。

4 划船：20~25个。

5 臀桥：20~30个。

6 弹力带肩部内旋：20~30个。

7 弹力带肩部外旋：20~30个。

8 反向腿弯举：20~30个。

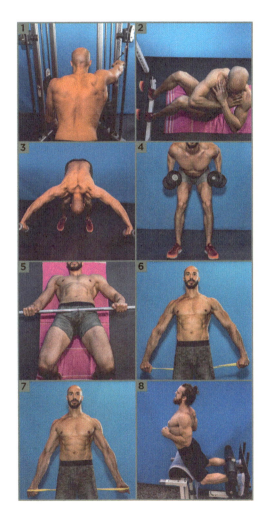

仰　泳

■ **被调动的主要肌群**

仰泳主要调动上身肌肉，下身通过髋部屈肌来发力。它也需要强有力的上身回旋力量和核心力量。

■ **为预防受伤而需要增强的身体部位**

最常见的病症在肩部。

■ **要求的肌肉特质**

仰泳要求力量和耐力，因此必须进行循环训练，每组的动作个数要多一些，动作和循环之间不要休息。

初阶计划

每周锻炼1~2次。每次3~6个循环。

1 龙门架绳索下拉：单臂交替，每条手臂20~25个。

2 仰卧半坐姿+转体肘碰膝：每侧20~30个。

3 上身前倾手臂侧平举：10~15个。

4 静态平板支撑：至少1分钟。

5 划船：20~25个。

6 抬腿：每条腿20~30个。

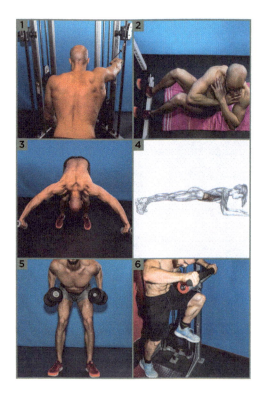

高阶计划

　　每周至少锻炼2次。每次3~4个循环。

1 龙门架绳索下拉：单臂交替，每条手臂20~25个。

2 仰卧半坐姿＋转体肘碰膝：每侧20~30个。

3 上身前倾手臂侧平举：20~25个。

4 静态平板支撑：至少2分钟。

5 划船：20~25个。

6 抬腿：每条腿20~25个。

7 弹力带肩部内旋：20~30个。

8 弹力带肩部外旋：20~30个。

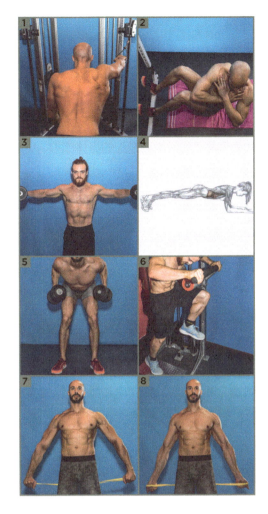

■ 被调动的主要肌群

　　蝶泳主要调动上身肌肉，下身通过髋部伸肌来发力。

■ 为预防受伤而需要增强的身体部位

　　最常见的病症在肩部。

■ 要求的肌肉特质

　　蝶泳要求力量和耐力，因此必须进行循环训练，每组的动作个数要多一些，动作和循环之间不要休息。

初阶计划

　　每周锻炼1~2次。每次3~6个循环。

1 龙门架绳索下拉：40~50个。

2 臀桥：20~40个。

3 上身前倾手臂侧平举：10~15个。

4 仰卧起坐：20~30个。

5 划船：20~25个。

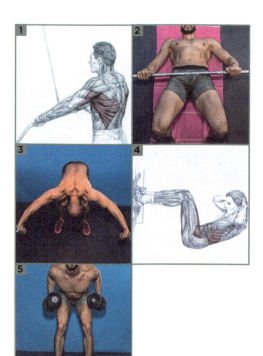

高阶计划

每周至少锻炼2次。每次3~4个循环。

1 龙门架绳索下拉：40~50个。

2 臀桥：20~40个。

3 上身前倾手臂侧平举：20~25个。

4 仰卧起坐：20~30个。

5 划船：20~25个。

6 弹力带肩部内旋：20~30个。

7 弹力带肩部外旋：20~30个。

8 反向腿弯举：20~30个。

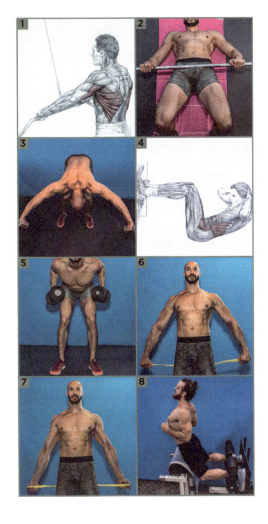

蛙　泳

■ 被调动的主要肌群

蛙泳主要调动上身肌肉，下身通过髋部屈肌、外展肌和伸肌来发力。

■ 为预防受伤而需要增强的身体部位

最常见的病症在肩部和髋部旋转肌。

■ 要求的肌肉特质

蛙泳要求力量和耐力，因此必须进行循环训练，每组的动作个数要多一些，动作和循环之间不要休息。

初阶计划

每周锻炼1~2次。每次3~6个循环。

1 龙门架绳索下拉：40~50个。

2 臀桥：20~30个。

3 上身前倾手臂侧平举：20~25个。

4 仰卧起坐：20~30个。

5 固定杠引体向上：20~25个。

6 大腿外展：20~30个。

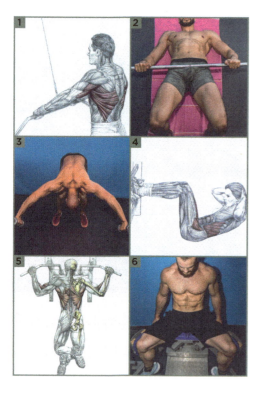

高阶计划

每周至少锻炼2次。每次3~4个循环。

1 龙门架绳索下拉：40~50个。

2 臀桥：20~30个。

3 上身前倾手臂侧平举：20~25个。

4 仰卧起坐：20~30个。

5 固定杠引体向上：20~25个。

6 大腿外展：20~30个。

7 弹力带肩部内旋：20~30个。

8 弹力带肩部外旋：20~30个。

9 反向腿弯举：20~30个。

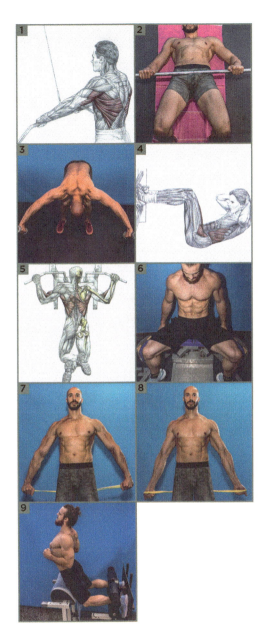

跳 水

■ **被调动的主要肌群**

跳水主要调动下身肌肉，同时手臂通过肩部发力。

■ **为预防受伤而需要增强的身体部位**

最常见的病症在肩部、髋部、膝部和脚踝。

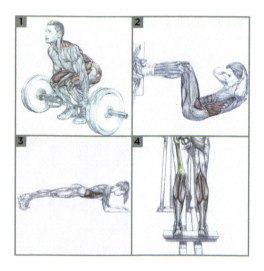

■ **要求的肌肉特质**

跳水要求爆发力，因此必须进行正常组数的训练，每组时间很短，动作和每个循环之间可以休息（大约1分钟），让身体尽量保持最强的爆发力。

初阶计划

每周锻炼1~2次。

1 六角杠铃或哑铃深蹲：4组，每组8~12个。

2 仰卧起坐：4组，每组10~20个。

3 静态平板支撑：3次，每次至少1分钟。

4 站姿提踵：3组，每组8~12个。

高阶计划

每周至少锻炼2次。

1 六角杠铃或哑铃深蹲：4组，每组8~12个。

2 仰卧起坐：4组，每组10~20个。

3 静态平板支撑：3次，每次至少1分钟。

4 固定杠引体向上：3组，每组8~12个。

5 站姿提踵：3组，每组8~12个。

6 反向腿弯举：3组，每组20~30个。

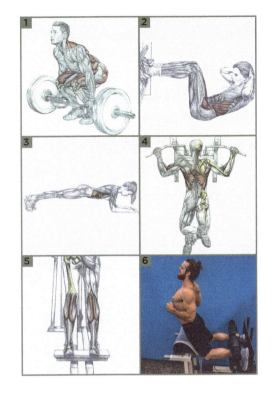

水　球

■ 被调动的主要肌群

　　水球主要调动上身肌肉，下身主要通过髋部屈肌和伸肌发力。

■ 为预防受伤而需要增强的身体部位

　　最常见的病症在肩部、上身旋转肌、背部和髋部旋转肌。

■ 要求的肌肉特质

　　水球要求爆发力和耐力，因此必须进行循环训练，每组的个数较为平均，每个动作和循环之间要休息十几秒。

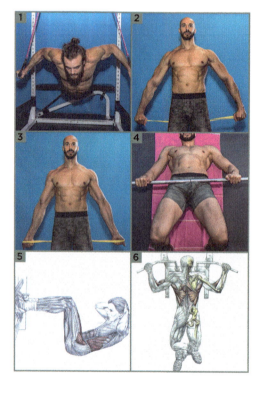

初阶计划

　　每周锻炼1~2次。每次3~6个循环。

1 悬挂飞鸟：6~10个。

2 弹力带肩部内旋：20~30个。

3 弹力带肩部外旋：20~30个。

4 臀桥：20~30个。

5 仰卧起坐：20~30个。

6 固定杠引体向上：20~25个。

高阶计划

每周至少锻炼2次。每次3~4个循环。

1 悬挂飞鸟：6~10个。

2 弹力带肩部内旋：20~30个。

3 弹力带肩部外旋：20~30个。

4 臀桥：20~30个。

5 上身前倾手臂侧平举：10~15个。

6 仰卧起坐：20~30个。

7 固定杠引体向上：20~25个。

8 反向腿弯举：20~30个。

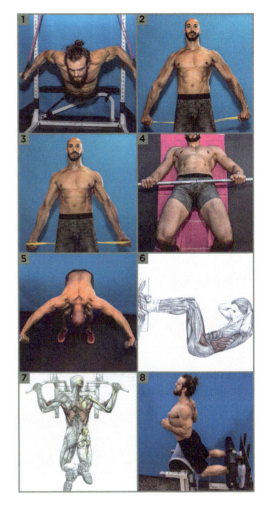

赛 艇

■ **被调动的主要肌群**

赛艇主要调动上身的背部肌肉、肱二头肌，下身的腿部肌群。

■ **为预防受伤而需要增强的身体部位**

最常见的病症在肩部、背部和膝关节。如果前臂感到伤痛或力量不足，可以进行特定的力量训练。出于预防的目的，必须锻炼下背部的肌肉，缓解其压力。

■ **要求的肌肉特质**

赛艇是一种力量型和耐力型运动，因此必须进行循环训练，每组的个数较多，每个动作和循环之间的休息时间较短（几秒）。

初阶计划

每周锻炼1~2次。每次3~6个循环。

1 六角杠铃或杠铃深蹲：20~30个。

2 划船：15~30个。

3 反向腿弯举：20~30个。

高阶计划

每周至少锻炼2次。每次3~4个循环。

1 六角杠铃或杠铃深蹲：20~30个。

2 划船：15~30个。

3 反向腿弯举：20~30个。

4 正握腕弯曲：15~20个。

5 静态平板支撑：至少1分钟。

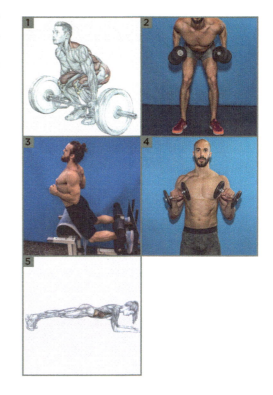

皮划艇

■ **被调动的主要肌群**

皮划艇主要调动上身的背部肌肉、肩部肌肉、肱二头肌、肱三头肌和前臂肌肉。这项运动要求具备优秀的上身旋转力量和核心力量。

■ **为预防受伤而需要增强的身体部位**

最常见的病症在肩部、背部和膝关节。出于预防的目的，必须锻炼下背部的肌肉，缓解其压力。

■ **要求的肌肉特质**

皮划艇是一种力量型和耐力型运动，因此必须进行循环训练，每组的个数较多，每个动作和循环之间的休息时间较短（几秒）。

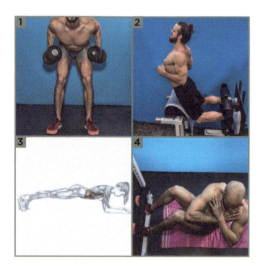

初阶计划

每周锻炼1~2次。每次3~6个循环。

1 划船：15~30个。

2 反向腿弯举：20~30个。

3 静态平板支撑：至少1分钟。

4 仰卧半坐姿+转体肘碰膝：每侧12~20个。

高阶计划

每周至少锻炼2次。每次3~4个循环。

1 划船：15~30个。

2 弹力带站姿上身转体：每侧20~30个。

3 反向腿弯举：20~30个。

4 静态平板支撑：至少1分钟。

5 正握腕弯曲：15~20个。

6 仰卧半坐姿＋转体肘碰膝：每侧12~20个。

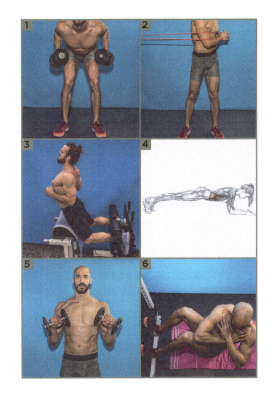

帆 船

■ **被调动的主要肌群**

　　帆船主要调动上身的背部肌肉、肩部肌肉、肱二头肌、肱三头肌和前臂肌肉。这项运动要求具备能够保持身体稳定的大腿肌肉力量。

■ **为预防受伤而需要增强的身体部位**

　　最常见的病症在肩部、背部和前臂。

■ **要求的肌肉特质**

　　帆船是一种力量型和耐力型运动，它要求间歇性的爆发力。因此必须进行循环训练，每组的个数较多，每个动作和循环之间的休息时间较短（几秒）。

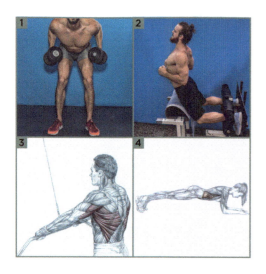

初阶计划

　　每周锻炼1~2次。每次3~6个循环。

1 划船：20~30个。

2 反向腿弯举：20~30个。

3 龙门架绳索下拉：20~25个。

4 静态平板支撑：至少1分钟。

高阶计划

每周至少锻炼2次。每次3~4个循环。

1️⃣ 划船：20~30个。

2️⃣ 反向腿弯举：20~30个。

3️⃣ 龙门架绳索下拉：20~25个。

4️⃣ 静态平板支撑：至少1分钟。

5️⃣ 正握腕弯曲：15~20个。

6️⃣ 六角杠铃或哑铃深蹲：20~30个。

备注

帆船、冲浪或帆板的运动者的计划既要足够具体，符合这些运动的要求，也要非常灵活。如果在某些日子里，运动者因为天气而无法外出运动，高强度的力量训练能够起到过渡作用。相反，在外出训练一切正常的时期，力量训练的强度要稍微降低。

此外，如果运动者居住的地方距离运动地点较远，力量训练能够让身体做好准备，避免因两次训练间隔时间太短而产生的全身酸痛。运动者的肌肉将会蓄势待发，释放出最大潜力，同时又能最大限度地缩短不同动作之间的适应时间。

冲 浪

■ **被调动的主要肌群**

冲浪主要调动上身的背部、肩部和手臂肌肉，以及下身的大腿肌群。

■ **为预防受伤而需要增强的身体部位**

最常见的病症在肩部、膝关节和背部。医疗检查表明，至少50%的职业运动员有严重的腰椎间盘退化[1]。此外，职业运动员肩部、身体左右两侧会出现力量不平衡的情况，手臂向上伸展的能力也远远不如向下运动的能力[2]。这些力量的不平衡会导致肩部受伤，所以要通过力量训练来恢复平衡。如果前臂有伤痛或力量不足，可以进行特定的力量训练。

■ **要求的肌肉特质**

冲浪是一种耐力型运动，也要求间歇性的爆发力。因此必须进行循环训练，每组的个数较多，每个动作和循环之间的休息时间较短（几秒）。

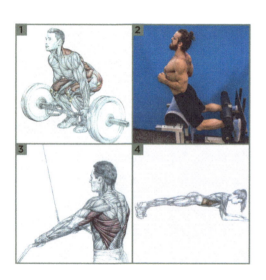

初阶计划

每周锻炼1~2次。每次3~6个循环。

1 六角杠铃或哑铃深蹲：20~30个。

2 反向腿弯举：20~30个。

3 龙门架绳索下拉：20~25个。

4 静态平板支撑：至少1分钟。

高阶计划

每周至少锻炼2次。每次3~4个循环。

1 六角杠铃或哑铃深蹲：20~30个。

2 反向腿弯举：20~30个。

3 龙门架绳索下拉：20~25个。

4 静态平板支撑：至少1分钟。

5 六角杠铃或哑铃深蹲：20~30个。

6 仰卧半坐姿+转体肘碰膝：每侧12~20个。

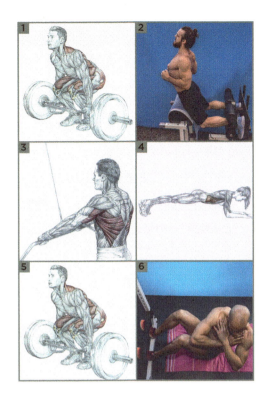

帆 板

■ 被调动的主要肌群

帆板需要全身肌肉的平衡，以及背部、手臂和大腿的力量。它也非常需要整个核心肌群的力量。

■ 为预防受伤而需要增强的身体部位

最常见的病症在背部、肩部、前臂、髋部、膝关节和脚踝。

■ 要求的肌肉特质

帆板是一种需要力量和耐力的运动，因此必须进行循环训练，每组的个数较多，每个动作和循环之间的休息时间较短（几秒）。

初阶计划

每周锻炼1~2次。每次3~6个循环。

1 六角杠铃或哑铃深蹲：20~30个。

2 静态平板支撑：至少1分钟。

3 划船：20~30个。

4 反向腿弯举：20~30个。

高阶计划

　　每周至少锻炼2次。每次3~4个循环。

1 六角杠铃或哑铃深蹲：20~30个。

2 仰卧起坐：12~20个。

3 划船：20~30个。

4 反向腿弯举：20~30个。

5 静态平板支撑：至少1分钟。

6 正握腕弯曲：15~20个。

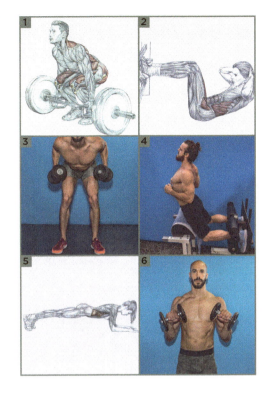

滑　水

■ **被调动的主要肌群**

滑水需要全身肌肉的反推力，以及背部、手臂和大腿的力量。

■ **为预防受伤而需要增强的身体部位**

最常见的病症在背部、肩部、前臂、髋部、膝关节和脚踝。

■ **要求的肌肉特质**

滑水是一种需要力量和耐力的运动，因此必须进行循环训练，每组的个数较多，每个动作和循环之间的休息时间较短（几秒）。

初阶计划

每周锻炼1~2次。每次3~6个循环。

1 划船：20~30个。

2 反向腿弯举：20~30个。

3 六角杠铃或哑铃深蹲：20~30个。

4 静态平板支撑：至少1分钟。

高阶计划

每周至少锻炼2次。每次3~4个循环。

1 划船：20~30个。

2 反向腿弯举：20~30个。

3 静态平板支撑：至少1分钟。

4 正握腕弯曲：15~20个。

5 六角杠铃或哑铃深蹲：20~30个。

6 仰卧半坐姿+转体肘碰膝：每侧12~20个。

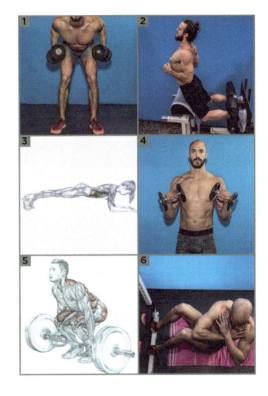

第22章　针对球拍类和投掷类运动的锻炼计划

球拍类运动

■ 被调动的主要肌群

球拍类运动（网球、乒乓球、羽毛球、壁球等）都需要调动全身的肌肉。这些项目的运动员需要进行强有力的上身转体，以及通过肩部和背部发力运动双臂。手臂传递源自全身的力量。因此，在一次发球中，大腿和躯干提供了一半以上的力量[1]。发球最有力的网球运动员更善于调动身体的力量，他们的转体幅度超过平均水平[1]。所以，运动员必须努力锻炼辅助上身转体的肌肉。

■ 为预防受伤而需要增强的身体部位

最常见的病症在背部和腰部。腰部是网球运动员最重要的薄弱环节部位[2]。此外还有肩部、膝关节、髋部、前臂的伤病，以及腹肌、内收肌和跟腱的撕裂伤等。

■ 要求的肌肉特质

球拍类运动是一种同时需要爆发力和耐力的运动，因此必须进行循环训练，每组的动作个数中等，每个动作和循环之间的休息时间较短（两组动作之间休息十几秒，两个循环之间休息约1分钟）。

初阶计划

每周锻炼1~2次。每次3~6个循环。

1 侧身箭步蹲：每条腿15~20个。

2 推拉同步的混合转体：每侧15~20个。

3 站姿提踵：30~50个。

4 手指伸展：每只手20~30个。

5 仰卧半坐姿+转体肘碰膝：每侧12~20个。

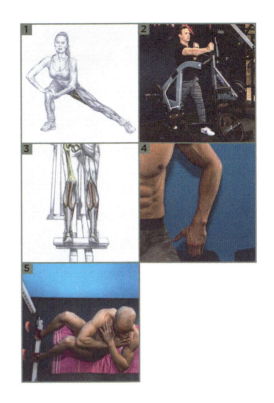

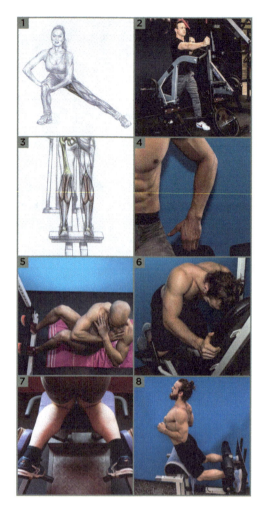

高阶计划

　　每周至少锻炼2次。每次3~4个循环。

1 侧身箭步蹲：每条腿15~20个。

2 推拉同步的混合转体：每侧15~20个。

3 站姿提踵：30~50个。

4 手指伸展：每只手20~30个。

5 仰卧半坐姿＋转体肘碰膝：每侧12~20个。

6 髋部内旋：20~30个。

7 髋部外旋：20~30个。

8 反向腿弯举：20~30个。

掷铁饼

■ 被调动的主要肌群

掷铁饼运动需要调动下身的肌肉、上身旋转肌和核心肌群，它们能够通过肩部和背阔肌把力量传递给手臂。

■ 为预防受伤而需要增强的身体部位

最常见的病症在背部、上身旋转肌、髋部、膝部和脚踝。肱二头肌的长头肌腱要承受较大的拉伸力，肌腱炎和撕裂伤很常见。在每次训练开始之前，要做几组正前方抬手臂热身练习，每组做20~30次。

■ 要求的肌肉特质

掷铁饼是一种需要爆发力的运动，因此必须进行标准练习，每组动作重复4~12个，时间较短。注意每个动作之间要有几分钟的休息时间。

初阶计划

每周锻炼1~2次。

1 躺姿上身侧转体：每侧4组，每组6~10个。

2 六角杠铃或哑铃深蹲：4组，每组4~8个。

3 固定在高处的弹力带站姿上身转体：每侧3组，每组8~12个。

4 悬挂飞鸟：4组，每组10~12个。

5 站姿提踵：5组，每组10~12个。

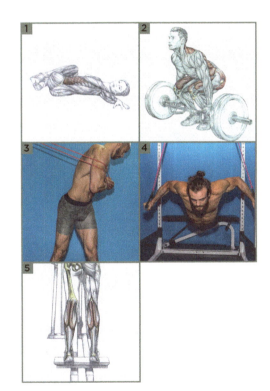

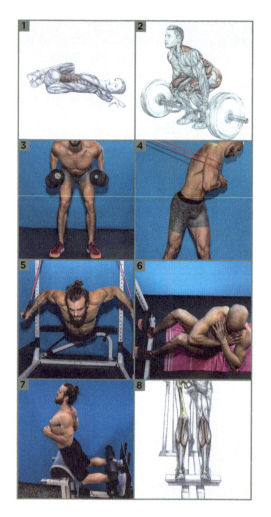

高阶计划

　　每周至少锻炼2次。

1 躺姿上身侧转体：每侧4组，每组6~10个。

2 六角杠铃或哑铃深蹲：4组，每组4~8个。

3 划船：4组，每组10~12个。

4 固定在高处的弹力带站姿上身转体：每侧3组，每组8~12个。

5 悬挂飞鸟：4组，每组10~12个。

6 仰卧半坐姿+转体肘碰膝：每侧4组，每组10~12个。

7 反向腿弯举：4组，每组10~12个。

8 站姿提踵：5组，每组10~12个。

掷链球

■ 被调动的主要肌群

掷链球运动需要调动下身的肌肉、上身旋转肌、髋部肌群和核心肌群，它们能够通过肩部和背阔肌把力量传递给手臂。

■ 为预防受伤而需要增强的身体部位

最常见的病症在背的上部和下部、肩部、上身旋转肌、髋部、膝部和脚踝。

■ 要求的肌肉特质

掷链球是一种需要爆发力的运动，因此必须进行标准练习，每组动作重复4~12个，练习时间较短。注意每个动作之间要有几分钟的休息时间。

初阶计划

每周锻炼1~2次。

1 躺姿上身侧转体：每侧4组，每组6~10个。

2 六角杠铃或哑铃深蹲：4组，每组4~8个。

3 固定在高处的弹力带站姿上身转体：每侧3组，每组8~12个。

4 划船：4组，每组10~12个。

5 仰卧半坐姿+转体肘碰膝：每侧4组，每组10~12个。

6 站姿提踵：5组，每组10~12个。

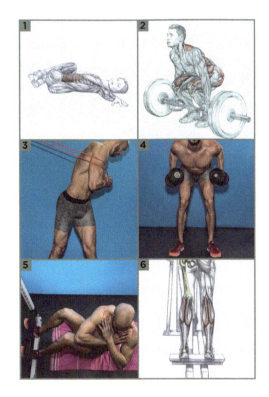

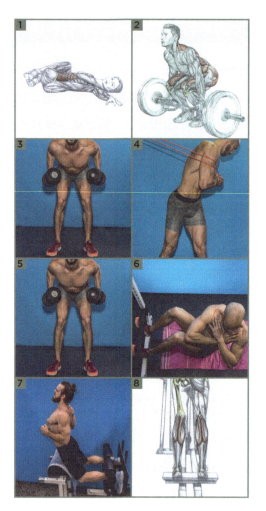

高阶计划

每周至少锻炼2次。

1 躺姿上身侧转体：每侧4组，每组6~10个。

2 六角杠铃或哑铃深蹲：4组，每组4~8个。

3 划船：4组，每组10~12个。

4 固定在高处的弹力带站姿上身转体：每侧3组，每组8~12个。

5 划船：4组，每组10~12个。

6 仰卧半坐姿+转体肘碰膝：每侧4组，每组10~12个。

7 反向腿弯举：4组，每组10~12个。

8 站姿提踵：5组，每组10~12个。

投标枪

■ **被调动的主要肌群**

投标枪运动需要调动下身的肌肉、上身旋转肌、髋部肌群和核心肌群，它们能够通过肩部和背阔肌把力量传递给手臂。

■ **为预防受伤而需要增强的身体部位**

最常见的病症在背的上部和下部、肩部、肘部、手腕、上身旋转肌、髋部旋转肌、膝部和脚踝。肱二头肌的长头肌腱要承受较大的拉伸力，肌腱炎和撕裂伤很常见。在每次训练开始之前都要做几组正前方抬手臂热身练习，每组做20~30次。

■ **要求的肌肉特质**

投标枪是一种需要爆发力的运动，因此必须进行标准练习，每组动作重复4~12个，练习时间较短。注意每个动作之间要有几分钟的休息时间。

初阶计划

每周锻炼1~2次。

1 箭步蹲：每条腿4组，每组4~8个。

2 固定在高处的弹力带站姿上身转体：每侧3组，每组8~12个。

3 悬挂飞鸟：4组，每组4~8个。

4 站姿提踵：5组，每组10~12个。

5 弹力带肩部内旋：4组，每组12个。

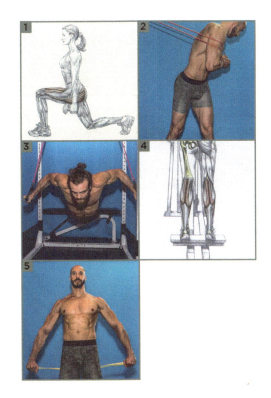

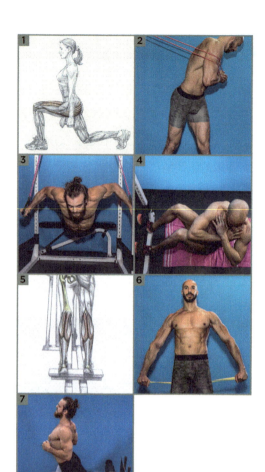

高阶计划

　　每周至少锻炼2次。

1 箭步蹲：每条腿4组，每组4~8个。

2 固定在高处的弹力带站姿上身转体：每侧3组，每组8~12个。

3 悬挂飞鸟：4组，每组4~8个。

4 仰卧半坐姿＋转体肘碰膝：每侧4组，每组10~12个。

5 站姿提踵：5组，每组10~12个。

6 弹力带肩部内旋：4组，每组12个。

7 反向腿弯举：4组，每组10~12个。

掷铅球

■ 被调动的主要肌群

掷铅球运动需要调动手臂和上身肌群。

■ 为预防受伤而需要增强的身体部位

最常见的病症在背的上部和下部、肩部、肘部、手腕、上身旋转肌、髋部旋转肌、膝部和脚踝。在铅球运动员群体中，有一种常见情况，即向前运动和向后运动的肩部的旋转肌力量不平衡。由于向后运动的肩部旋转肌的锻炼程度不够，所以力量较弱，这是容易导致受伤的因素之一[3]。

■ 要求的肌肉特质

掷铅球是一种需要爆发力的运动。因此必须进行标准练习，每组动作重复4~12个，练习时间较短。注意每个动作之间要有几分钟的休息时间。

初阶计划

每周锻炼1~2次。

1 箭步蹲：每条腿4组，每组4~8个。

2 固定在高处的弹力带站姿上身转体：每侧3组，每组8~12个。

3 炮台推举：4组，每组4~8个。

4 站姿提踵：5组，每组10~12个。

5 反向腿弯举：4组，每组10~12个。

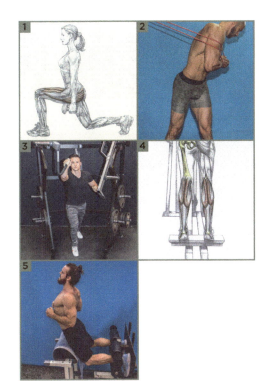

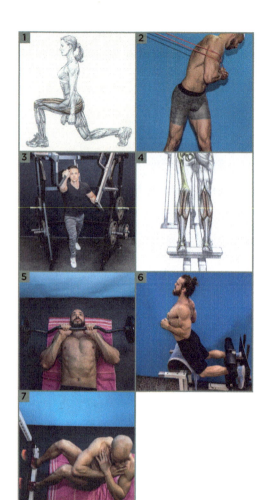

高阶计划

　　每周至少锻炼2次。

1 箭步蹲：每条腿4组，每组4~8个。

2 固定在高处的弹力带站姿上身转体：每侧3组，每组8~12个。

3 炮台推举：4组，每组4~8个。

4 站姿提踵：5组，每组10~12个。

5 臂屈伸卧推：4组，每组4~8个。

6 反向腿弯举：4组，每组10~12个。

7 仰卧半坐姿＋转体肘碰膝：每侧4组，每组10~12个。

滚铁球和保龄球

■ **被调动的主要肌群**

　　这两种使用手臂向下投掷的运动需要调动上身肌群，肩部、前臂、核心肌群和双腿的力量会传递到手臂上。腰部肌群的参与度也很高，尤其是这两种运动都需要上身前倾。

■ **为预防受伤而需要增强的身体部位**

　　最常见的病症在背部和肩部。如果前臂感到伤痛或力量不足，可以进行特定的力量训练。出于预防的目的，必须锻炼下背部的肌肉，缓解它的压力。

■ **要求的肌肉特质**

　　这两种运动需要爆发力，但随着运动的持续进行，它们也需要运动员有耐力。因此必须进行循环练习，每组动作的数量较少，注意动作和循环之间的休息时间较短（十几秒）。

初阶计划

　　每周锻炼1~2次。每次3~6个循环。

1 手臂前举：6~12个。

2 划船：15~20个。

3 箭步蹲：每条腿6~8个。

4 反向腿弯举：20~30个。

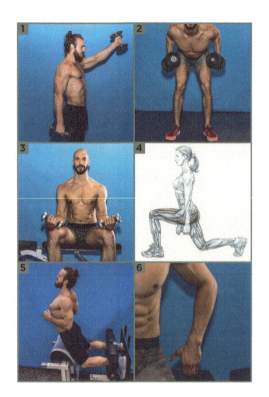

高阶计划

　　每周至少锻炼2次。每次3~4个循环。

1 手臂前举：6~12个。

2 划船：15~20个。

3 腕部弯举：20~30个。

4 箭步蹲：每条腿6~8个。

5 反向腿弯举：20~30个。

6 手指伸展：20~30个。

网 球

■ **被调动的主要肌群**

网球需要调动全身肌肉，上身和下身肌肉的参与度取决于运动员的姿态。

■ **为预防受伤而需要增强的身体部位**

最常见的病症在背的上部和下部、肩部、肘部、手腕、上身旋转肌、髋部旋转肌、膝关节和踝关节。

■ **要求的肌肉特质**

网球是一项需要爆发力和耐力的运动。因此锻炼组数要保持正常，持续时间要短。注意每组练习和每个动作之后要休息至少1分钟。

初阶计划

每周锻炼1~2次。

▌1 箭步蹲：每条腿4组，每组8~12个。

▌2 弹力带站姿上身转体：每侧3组，每组12~15个。

▌3 划船：4组，每组8~12个。

▌4 反向腿弯举：20~30个。

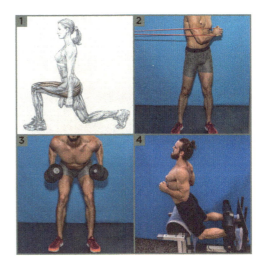

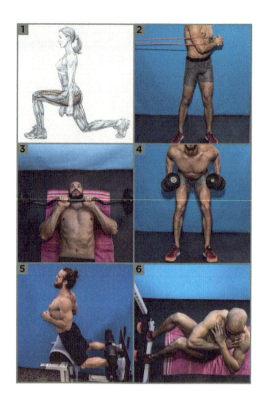

高阶计划

　　每周至少锻炼2次。

1 箭步蹲：每条腿4组，每组8~12个。

2 弹力带站姿上身转体：每侧3组，每组12~15个。

3 臂屈伸卧推：4组，每组8~12个。

4 划船：4组，每组8~12个。

5 反向腿弯举：20~30个。

6 仰卧半坐姿+转体肘碰膝：每侧4组，每组12~15个。

第23章 针对自行车和公路运动的锻炼计划

公路自行车

■ **被调动的主要肌群**

　　自行车运动需要调动下半身肌群，尤其是臀肌、大腿和小腿肌群。脊柱、核心肌群和手臂肌群对于保持自行车运动员的身体平衡发挥了重要作用。

■ **为预防受伤而需要增强的身体部位**

　　最常见的病症在背部、髋部、膝关节和踝关节。

■ **要求的肌肉特质**

　　公路自行车是一项需要耐力的运动，因此必须进行循环锻炼，每组动作的个数比较多，每组锻炼和每个循环之后的休息时间要短（几秒）。

初阶计划

　　每周锻炼1~2次。每次2~5个循环。

1 六角杠铃或哑铃深蹲：20~35个。

2 反向腿弯举：20~30个。

3 坐姿抬腿：每条腿20~30个。

4 蹲姿提踵：30~50个。

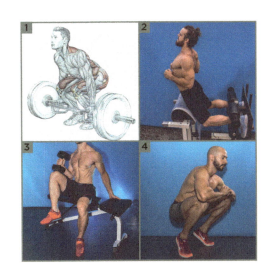

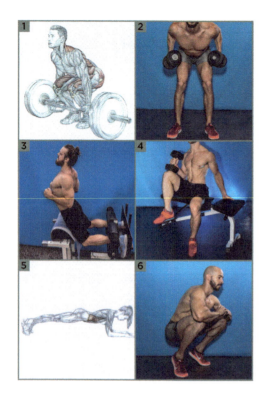

高阶计划

    每周至少锻炼2次。每次2~4个循环。

1 六角杠铃或哑铃深蹲：20~35个。

2 划船：20~30个。

3 反向腿弯举：20~30个。

4 坐姿抬腿：每条腿20~30个。

5 静态平板支撑：至少1分钟。

6 蹲姿提踵：30~50个。

场地自行车

■ **被调动的主要肌群**

自行车运动需要调动下半身肌群，尤其是臀肌、大腿和小腿肌群。脊柱、核心肌群和手臂肌群对于保持自行车运动员的身体平衡发挥了重要作用。

■ **为预防受伤而需要增强的身体部位**

最常见的病症在背部、髋部、膝关节和踝关节。

■ **要求的肌肉特质**

场地自行车是一项需要爆发力的运动。因此必须进行循环锻炼，每组动作的个数较少，每组锻炼和每个循环之后的休息时间要短（十几秒）。

初阶计划

每周锻炼1~2次。每次2~5个循环。

1 六角杠铃或哑铃深蹲：8~12个。

2 反向腿弯举：20~30个。

3 坐姿抬腿：每条腿12~20个。

4 蹲姿提踵：20~30个。

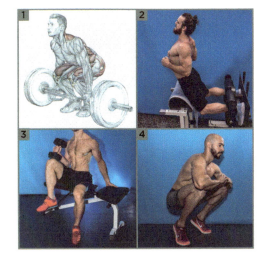

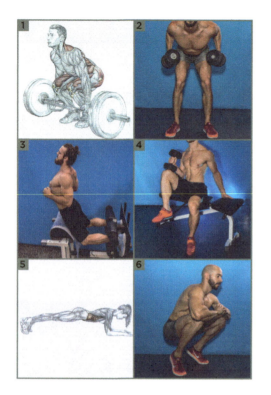

高阶计划

　　每周至少锻炼2次。每次2~4个循环。

1 六角杠铃或哑铃深蹲：8~12个。

2 划船：12~20个。

3 反向腿弯举：20~30个。

4 坐姿抬腿：每条腿12~20个。

5 静态平板支撑：至少1分钟。

6 蹲姿提踵：20~30个。

山地自行车和自行车越野

■ **被调动的主要肌群**

自行车运动需要调动下半身肌群，尤其是臀肌、大腿和小腿肌群。脊柱、核心肌群和手臂肌群对于保持自行车运动员的身体平衡发挥了重要作用。

■ **为预防受伤而需要增强的身体部位**

最常见的病症在背部、髋部、膝关节和踝关节。

■ **要求的肌肉特质**

山地自行车和自行车越野是需要耐力的运动。力量训练的目标是保证大腿的缓冲力。因此必须进行循环锻炼，每组动作的个数较多，每组锻炼和每个循环之后的休息时间要短（几秒）。

初阶计划

每周锻炼1~2次。每次2~5个循环。

1 六角杠铃或哑铃深蹲：30~50个。

2 臂屈伸卧推：12~25个。

3 反向腿弯举：20~30个。

4 站姿提踵：20~30个。

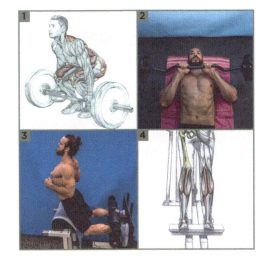

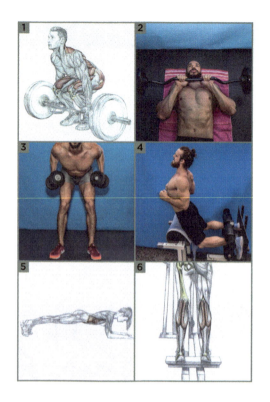

高阶计划

　　每周至少锻炼2次。每次2~4个循环。

1 六角杠铃或哑铃深蹲：30~50个。

2 臂屈伸卧推：12~25个。

3 划船：12~20个。

4 反向腿弯举：20~30个。

5 静态平板支撑：至少1分钟。

6 站姿提踵：30~50个。

汽车运动

■ **被调动的主要肌群**

汽车运动需要调动全身肌肉。所有的肌肉共同发挥作用，保证驾驶员的核心力量。

■ **为预防受伤而需要增强的身体部位**

最常见的病症（事故除外）在背部、前臂和颈部。

■ **要求的肌肉特质**

力量训练的目标是预防驾驶员容易出现的疼痛和磨损病症，因此必须进行标准训练，每组的练习时间略长，每组和每项练习之后的休息时间要短（大约30秒）。

初阶计划

每周锻炼1~2次。

1 臂屈伸卧推：3组，每组10~15个。

2 龙门架耸肩：3组，每组20~30个。

3 反向腿弯举：4组，每组10~15个。

4 握力器手指弯曲：2组，每组50~100个。

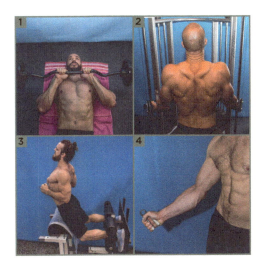

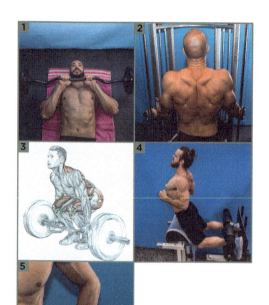

高阶计划

　　每周至少锻炼2次。

1 臂屈伸卧推：3组，每组10~15个。

2 龙门架耸肩：3组，每组20~30个。

3 六角杠铃或哑铃深蹲：2组，每组6~8个。

4 反向腿弯举：4组，每组10~15个。

5 手指伸展：2组，每组50~100个。

摩托车

■ 被调动的主要肌群

摩托车运动尤其需要下身肌肉，但全身其他部位的肌肉也不可缺少，因为它们共同发挥作用，保证摩托车手的平衡。

■ 为预防受伤而需要增强的身体部位

最常见的病症（事故除外）在背部、前臂、膝关节和颈部。

■ 要求的肌肉特质

力量训练的首要目标是增强大腿的缓冲力，尤其是在越野摩托车比赛中；第二个目标是预防摩托车手易出现的疼痛和磨损病症。因此必须进行标准训练，每组的练习时间略长，每组练习之后的休息时间要短（30~60秒）。

初阶计划

每周锻炼 1~2次。

1 六角杠铃或哑铃深蹲：2组，每组12~15个。

2 臂屈伸卧推：2组，每组10~15个。

3 反向腿弯举：3组，每组10~15个。

4 握力器手指弯曲：2组，每组50~100个。

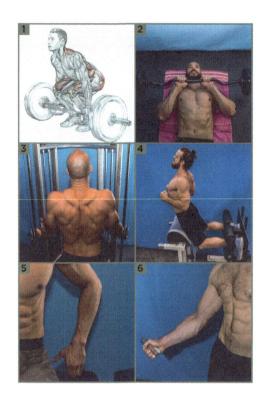

高阶计划

每周至少锻炼2次。

1 六角杠铃或哑铃深蹲：2组，每组12~15个。

2 臂屈伸卧推：3组，每组10~15个。

3 龙门架耸肩：2组，每组20~30个。

4 反向腿弯举：3组，每组10~15个。

5 手指伸展：2组，每组50~100个。

6 握力器手指弯曲：2组，每组50~100个。

马 术

■ **被调动的主要肌群**

马术需要肌肉的反推力，尤其是大腿。核心肌群的力量要很强才能保证身体的平衡。

■ **为预防受伤而需要增强的身体部位**

最常见的病症在背的上部和下部、髋部、膝关节和踝关节。

■ **要求的肌肉特质**

马术是一项需要耐力和力量的运动。因此必须进行循环训练，每组练习的个数较多，每组和每个循环之后的休息时间要短（几秒）。

初阶计划

每周锻炼1~2次。每次3~5个循环。

1 六角杠铃或哑铃深蹲：每组20~30个。

2 弹力带站姿上身转体（反旋转）：每侧20~30个。

3 静态平板支撑：至少1分钟。

4 站姿提踵：20~30个。

5 反向腿弯举：10~15个。

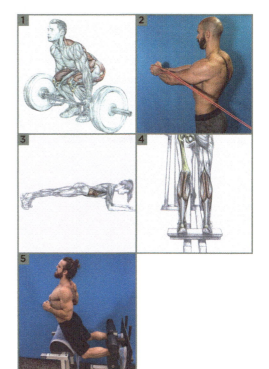

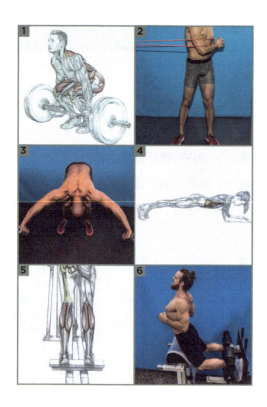

高阶计划

　　每周至少锻炼2次。每次3~4个循环。

1 六角杠铃或哑铃深蹲：2组，每组20~30个。

2 弹力带站姿上身转体：每侧20~30个。

3 上身前倾手臂侧平举：25~30个。

4 静态平板支撑：至少1分钟。

5 站姿提踵：20~30个。

6 反向腿弯举：10~15个。

第24章　针对格斗运动的锻炼计划

格斗运动

■ 被调动的主要肌群

格斗运动要调动身体的上部和下部，也需要强有力的旋转能力和优秀的核心肌群。

■ 为预防受伤而需要增强的身体部位

最常见的病症（除了对手的击打）几乎涉及所有关节和肌肉，尤其是颈部、肩部、背部、膝关节、脚踝和髋部。

■ 要求的肌肉特质

格斗运动同时需要爆发力、力量和耐力，因此必须进行循环训练，每组练习的个数较少，每组和每个循环之后的休息时间要短（几秒钟）。

初阶计划

每周锻炼1~2次。每次3~6个循环。

1 六角杠铃或哑铃深蹲：8~12个。

2 静态平板支撑：至少1分钟。

3 龙门架耸肩：10~20个。

4 抬腿：每条腿8~10个。

5 推拉同步的混合转体：每侧15~20个。

6 仰卧半坐姿＋转体肘碰膝：每侧12~20个。

高阶计划

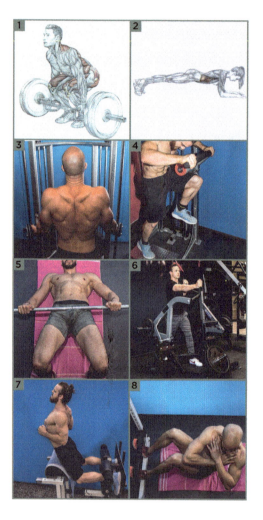

　　每周至少锻炼2次。每次3~4个循环。

1 六角杠铃或哑铃深蹲：8~12个。

2 静态平板支撑：至少2分钟。

3 龙门架耸肩：10~20个。

4 抬腿：每条腿8~10个。

5 臀桥：10~15个。

6 推拉同步的混合转体：每侧15~20个。

7 反向腿弯举：20~30个。

8 仰卧半坐姿＋转体肘碰膝：每侧12~20个。

击 剑

■ **被调动的主要肌群**

　　击剑运动要调动身体下部、手臂和肩部，也需要强有力的核心肌群。

■ **为预防受伤而需要增强的身体部位**

　　最常见的病症在肩部、背部、髋部旋转肌、腘绳肌、膝关节和踝关节。

■ **要求的肌肉特质**

　　击剑需要爆发力和耐力，因此必须进行循环训练，每组练习的个数属于平均水平，每组和每个循环之后的休息时间要短（十几秒）。

初阶计划

　　每周锻炼1~2次。每次3~6个循环。

1 箭步蹲：每条腿12~20个。

2 手臂前举：20~30个。

3 仰卧起坐：20~30个。

4 站姿提踵：20~30个。

5 静态平板支撑：至少1分钟。

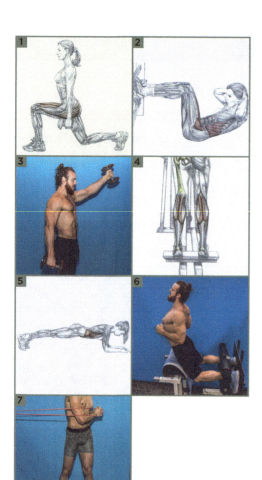

高阶计划

　　每周至少锻炼2次。每次3~4个循环。

1 箭步蹲：每条腿12~20个。

2 仰卧起坐：20~30个。

3 手臂前举：20~30个。

4 站姿提踵：20~30个。

5 静态平板支撑：至少1分钟。

6 反向腿弯举：20~30个。

7 弹力带站姿上身转体：每侧20~30个。

第25章 针对冬季运动和山地运动的锻炼计划

季节性运动所必需的强化

如果运动者的居住地距离体育活动地点比较远（如海上冲浪）或者体育活动是季节性的（如滑雪），事先进行力量训练能够让运动者做好准备。锻炼的策略是从强度较弱的练习开始，让身体平稳渡过浑身酸痛期，然后逐渐增加强度，让肌肉发挥更有效的作用。这种锻炼是循序渐进的，速度较慢，但能够保证身体逐渐恢复到竞技状态。

开始时，每周做2次训练，然后逐渐增加到每天1次，以最真实的训练强度让身体适应随后的体育活动。使用我们在本书中给出的针对不同运动的锻炼计划时，最开始训练强度和频率应较低，然后强度逐渐增加。训练后，给自己2~3天的休息时间，然后开始严格意义上的体育活动。

体育活动减少时（冬季或夏季）的进度计划

运动者要充分利用无法进行季节性运动的时期，尽可能增强身体的力量和耐力。体育活动重新开始之后，逐渐减小力量训练的强度，让所有能量集中到体育活动上，同时不会让力量和耐力受影响。

高山滑雪

■ **被调动的主要肌群**

　　高山滑雪主要调动身体下部，但也需要强有力的核心力量和上身转体能力。

■ **为预防受伤而需要增强的身体部位**

　　最常见的病症在背部、膝关节、髋部和踝关节。

■ **要求的肌肉特质**

　　高山滑雪是一项需要力量和耐力的运动，因此必须进行循环训练，每组练习的持续时间稍长，每组和每个循环之后的休息时间要短（十几秒）。

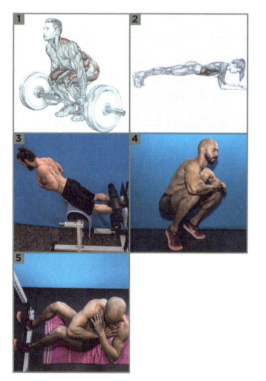

初阶计划

　　每周锻炼1~2次。每次3~6个循环。

1 六角杠铃或哑铃深蹲：20~30个。

2 静态平板支撑：至少1分钟。

3 腘绳肌离心牵拉：20~30个。

4 蹲姿提踵：30~50个。

5 仰卧半坐姿+转体肘碰膝：每侧12~20个。

高阶计划

每周至少锻炼2次。每次3~4个循环。

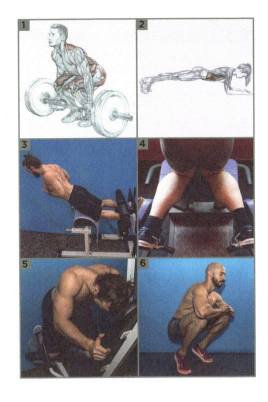

1 六角杠铃或哑铃深蹲：20~30个。

2 静态平板支撑：至少2分钟。

3 腘绳肌离心牵拉：20~30个。

4 髋部外旋：20~30个。

5 髋部内旋：20~30个。

6 蹲姿提踵：30~50个。

越野滑雪

■ 被调动的主要肌群

越野滑雪主要调动身体下部，但也需要优秀的上身转体能力，以及通过背部肌肉向手臂传递力量。

掌握正确的身体姿态能够节约许多能量，一些研究曾经对比过高水平滑雪运动员和初级运动员，后者的动作不够准确，因此调动的肌肉更加复杂，消耗的能量更多[1]。力量训练可以降低滑雪过程中的能量消耗。

■ 为预防受伤而需要增强的身体部位

最常见的病症在背部、膝关节、髋部和踝关节。如果前臂和肘部出现疼痛或力量不足，可以对其进行专门的锻炼。

■ 要求的肌肉特质

越野滑雪是一项耐力运动，但运动员时不时也需要力量来爬坡。因此必须进行循环训练，每组练习的个数较多，每组和每个循环之后的休息时间要短（几秒）。

初阶计划

每周锻炼1~2次。每次3~6个循环。

1 箭步蹲：30~50个。

2 龙门架绳索下拉：单臂交替，每条手臂20~25个。

3 腘绳肌离心牵拉：20~30个。

4 站姿提踵：30~50个。

5 仰卧半坐姿＋转体肘碰膝：每侧12~
20个。

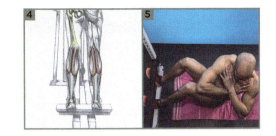

高阶计划

　　每周至少锻炼2次。每次3~4个循环。

1 箭步蹲：30~50个。

2 龙门架绳索下拉：单臂交替，每条手臂
20~25个。

3 抬腿：每条腿20~30个。

4 腘绳肌离心牵拉：20~30个。

5 髋部外旋：20~30个。

6 髋部内旋：20~30个。

7 站姿提踵：30~50个。

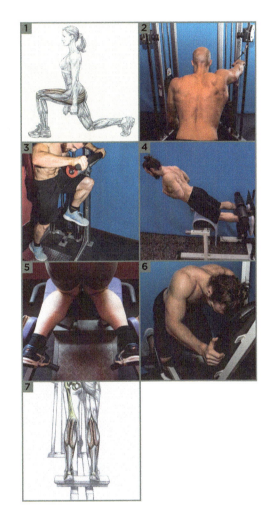

冰球和滑冰

■ **被调动的主要肌群**

冰球与滑冰主要调动身体下部，但也需要优秀的上身转体能力，以及通过背部肌肉向手臂传递力量。

■ **为预防受伤而需要增强的身体部位**

最常见的病症在背部、肩部、膝关节或髋部。如果在冰球运动过程中，前臂出现疼痛或力量不足，可以对其进行专门的锻炼。

■ **要求的肌肉特质**

冰球和滑冰是既需要爆发力，也需要耐力的运动。因此必须进行循环训练，每组练习的个数属于中等水平，每组和每个循环之后的休息时间要短（几秒）。

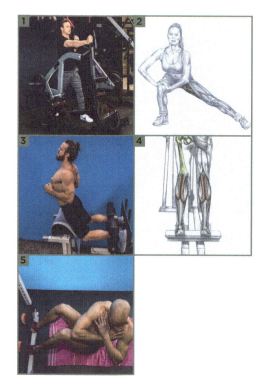

初阶计划

每周锻炼1~2次。每次3~6个循环。

1 推拉同步的混合转体：每侧15~20个。

2 侧身箭步蹲：每条腿15~20个。

3 反向腿弯举：20~30个。

4 站姿提踵：30~50个。

5 仰卧半坐姿+转体肘碰膝：每侧12~20个。

高阶计划

每周至少锻炼2次。每次3~4个循环。

1 推拉同步的混合转体：每侧15~20个。

2 侧身箭步蹲：每条腿15~20个。

3 抬腿：每条腿12~20个。

4 反向腿弯举：20~30个。

5 髋部外旋：20~30个。

6 髋部内旋：20~30个。

7 站姿提踵：30~50个。

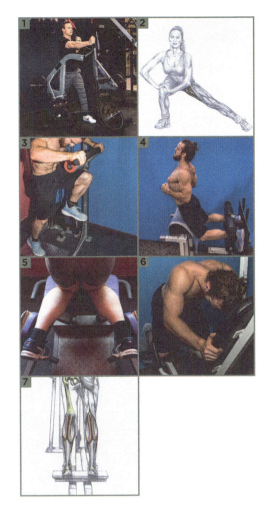

登 山

■ **被调动的主要肌群**

登山要调动整个身体。它比其他任何运动都更需要强壮的前臂。

■ **为预防受伤而需要增强的身体部位**

最常见的病症在背部、肩部、髋部旋转肌、前臂和双手。

■ **要求的肌肉特质**

登山同时要求力量、柔韧性和耐力，因此必须进行循环训练，每组练习的个数属于中等水平，每组和每个循环之后要有一定的休息时间。

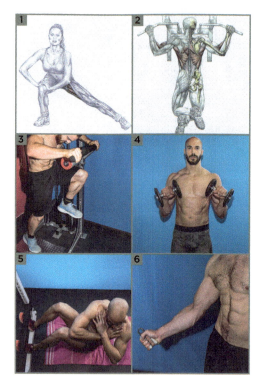

初阶计划

每周锻炼1~2次。每次3~6个循环。

1 侧身箭步蹲：每条腿20~40个。

2 固定杠引体向上：20~40个。

3 抬腿，尽量向上抬：每条腿20~30个。

4 正握腕弯曲：20~30个。

5 仰卧半坐姿+转体肘碰膝：每侧12~20个。

6 握力器手指弯曲：20~30个。

高阶计划

　　每周至少锻炼2次。每次3~4个循环。

1 侧身箭步蹲：每条腿20~30个。

2 固定杠引体向上：20~40个。

3 抬腿：尽量向上抬，每条腿20~30个。

4 正握腕弯曲：20~30个。

5 反向腿弯举：20~30个。

6 仰卧半坐姿 + 转体肘碰膝：每侧12~20个。

7 握力器手指弯曲：20~30个。

8 站姿提踵：20~30个。

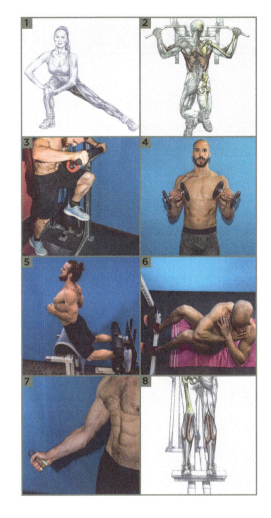

第26章　训练后的恢复计划

为了保证体育运动结束之后，肌肉能够得到良好的恢复，运动者必须使用微弱的强度、多次重复某些动作，为那些由于缺少血液而恢复缓慢的肌肉组织"提供营养"。你可以优先考虑弹力带，因为和大负重相比，它们对关节的伤害更小。如果有必要的话，只进行牵拉即可。

这些恢复计划可以在家中进行，既可以在训练结束的当晚进行，也可在没有训练的日子里进行。这些计划非常重要，它们可以让运动者尽快恢复训练。例如，一场马拉松结束之后，疲劳的肌肉会让脚的姿态发生改变。运动者需要一周多的时间，才能让所有肌肉恢复，让脚回到正常姿态[1]。

力量训练能够减少身体形态的改变，恢复性的力量训练能够加速复原速度，最大限度地减小受伤风险。

身体酸痛时是否应当重新投入训练

酸痛的肌肉内部血液流动不畅，更具体来说，肌肉内部处于受损状态，这会减缓恢复速度[2]。血液流动恢复正常之后，肌肉恢复速度会加快。这在部分程度上解释了为什么肌肉在经过高强度训练之后恢复起来那么慢。血液流动不畅也会暂时降低酸痛肌肉的运动表现，因为这些肌肉会更快缺氧。在这种不利的情况下，进行恢复性训练就理所当然了。

上身恢复训练计划

做1个循环，中间不休息。

1️⃣ 弹力带肩部内旋：100~200个。

2️⃣ 弹力带肩部外旋：100~200个。

3️⃣ 前臂筋膜按摩（滚轴）：至少1分钟。

4️⃣ 前臂筋膜按摩（滚球）：至少1分钟。

5️⃣ 固定杆悬挂或背部减压（如果没有固定杠，可以把健身凳、椅子或桌子边缘当作支撑，上身前倾）：至少30秒。

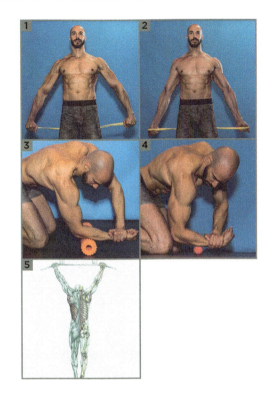

下身恢复训练计划

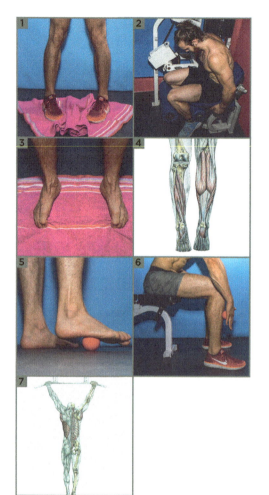

做1个循环，中间不休息。

1 踩毛毯髋部旋转肌热身（如果需要的话，坐姿更简单）：150~300个。

2 坐姿腿弯举：100~200个。

3 抓毛毯：100~200个。

4 地面提踵（赤脚）：100~200个。

5 筋膜球足底按摩：每只脚至少1分钟。

6 筋膜球胫骨前肌按摩：每条腿至少1分钟。

7 固定杠悬挂或背部减压：至少30秒。

锻炼索引

参考文献

第1部分

第1章 跑步运动

[1] Seitz LB. Increases in lower-body strength transfer positively to sprint performance: a systematic review with meta-analysis. *Sports Med*, 2014. 44: 1693.

[2] Pincheira PA. The repeated bout effect can occur without mechanical and neuromuscular changes after a bout of eccentric exercise. *Scand J Med Sci Sports*, mai 2018.

[3] Mohr M. Muscle damage, inflammatory, immune and performance responses to three football games in 1 week in competitive male players. *Eur J Appl Physiol*, 2016. 116: 179.

[4] Laursen JB. The effectiveness of exercise interventions to prevent sports injuries: a systematic review and meta-analysis of randomised controlled trials. *Br J Sports Med*, 2014. 48: 871.

[5] Malone S. Can the workload-injury relationship be moderated by improved strength, speed and repeated-sprint qualities. *J Sci Med Sport*, 2018.

[6] Jakobsen JR. Remodeling of muscle fibres approaching the human myotendinous junction. *Scand J Med Sci Sports*, 2018.

[7] Schaefer D. Does lean mass asymmetry influence impulse and peak force asymmetry during landing in collegiate athletes. *J Strength Cond Res*, 2017. 31(suppl. 1): s13.

[8] Lieber RL. Biomechanical Response of Skeletal Muscle to Eccentric Contractions. *J Sport Health Sci*, 2018.

[9] Aagaard P. Spinal and supraspinal control of motor function during maximal eccentric muscle contraction: Effects of resistance training. *J Sport Health Sci*, 2018.

[10] Milton H. One day per week of strength training improves running biomechnics. *J Strength Cond Res*, 2017. 31(suppl. 1): s10.

[11] Maas E. Novice runners show greater changes in kinematics with fatigue compared with competitive runners. *Sports Biomech*, 2018. 17.

[12] Belz J. Stress and risk for depression in competitive athletes suffering from back pain-Do age and gender matter. *Eur J Sport Sci*, 2018.

[13] Bodine LE. The Relationship Between Depression Symptoms, Pain and Athletic Identity in Division II NCAA Athletes at Preseason. *J Athl Train*, 2018. 53(suppl.): S-198.

[14] Aagaard P. Increased rate of force development and neural drive of human skeletal muscle following resistance training. *J Appl Physiol*, 2002. 93: 1318.

[15] Faherty M. Changes in Lower Extremity Musculoskeletal and Neuromuscular Characteristics Are Associated With History of Lower Extremity Musculoskeletal Injury in Intercollegiate Athletes. *J Athl Train*, 2018. 53(suppl.): S-125.

[16] Clifton DR. Functional Asymmetries and Lower Extremity Injury: Direct and Indirect Effects. *J Athl Train*, 2018. 53(suppl.): S-135.

[17] Semrow KM. Preseason Risk Factors to Predict Lower Extremity Musculoskeletal Injuries in College Athletics. *J Athl Train*, 2018. 53(suppl.): S-131.

[18] Paavolainen L. Explosive-strength training improves 5-km running time by improving

running economy and muscle power. *J Appl Physiol*, 1999. 86: 1527.

[19] Blagrove RC. Effects of Strength Training on the Physiological Determinants of Middle- and Long-Distance Running Performance: A Systematic Review. *Sports Med*, 2018. 48: 1117.

[20] Beattie K. The effect of strength training on performance indicators in distance runners. *J Strength Cond Res*, 2017. 31: 9.

[21] Sterczala A. The effects of eight weeks of resistance training on motor unit behavior of the vastus lateralis. *J Strength Cond Res*, 2017. 31(suppl. 1): s3.

[22] Sedano S. Concurrent training in elite male runners: The influence of strength versus muscular endurance training on performance outcomes. *J Strength Cond Res*, 2013. 27: 2433.

[23] Hoff J. Maximal strength training improves aerobic endurance performance. *Scand J Med Sci Sports*, 2002. 12: 288.

[24] Presland JD. The effect of Nordic hamstring exercise training volume on biceps femoris long head architectural adaptation. *Scand J Med Sci Sports*, 2018. 28.

[25] Beardsley C. The increasing role of the hip extensor musculature with heavier compound lower-body movements and more explosive sport actions. *Strength Cond J*, 2014. 36: 49.

[26] Macadam P. The role of arm mechanics during sprint-running: a review of the literature and practical applications. *Strength Cond J*, 2018.

[27] Van Wessel T. The muscle fibre type-fibre size paradox: Hypertrophy or oxidative metabolism. *Eur J Appl Physiol*, 2010. 110: 665.

[28] Colyer SL. Kinetic demands of sprinting shift across the acceleration phase: novel analysis of entire force waveforms. *Scand J Med Sci Sports*, 2018.

[29] Abdelsattar M. Relationship between Achilles Tendon Stiffness and Ground Contact Time during Drop Jumps. *J Sports Sci Med*, 2018. 17: 223.

[30] Ueno H. Potential Relationship between Passive Plantar Flexor Stiffness and Running Performance. *Int J Sports Med*, 2018. 39: 204.

[31] Takahashi C. Potential relationship between passive plantar flexor stiffness and sprint performance in sprinters. *Phys Ther Sport*, 2018. 32: 54.

[32] Hunter GR. Tendon length and joint flexibility are related to running economy. *Med Sci Sports Exerc*, 2011. 43: 1492.

[33] Ueno H. Relationship between Achilles tendon length and running performance in welltrained male endurance runners. *Scand J Med Sci Sports*, 2018. 28: 446.

[34] Kunimasa Y. Specific muscle-tendon architecture in elite Kenyan distance runners. *Scand J Med Sci Sports*, 2014. 24: e269.

[35] Hunter GR. Muscle fiber type, Achilles tendon length, potentiation, and running economy. *J Strength Cond Res*, 2015. 29: 1302.

[36] Copaver K. The effects of psoas major and lumbar lordosis on hip flexion and sprint performance. *Res Q Exerc Sport*, 2012. 83: 160.

[37] Okutani H. Morphological characteristics of the psoas major muscle of 110-m hurdlers. *J Sports Sci*, 2016. 34(sup 1): S39.

[38] Penning L. Psoas muscle and lumbar spine stability: a concept uniting existing controversies. Critical review and hypothesis. *Eur Spine J*, 2000. 9: 577.

[39] Park RJ. Changes in Regional Activity of the Psoas Major and Quadratus Lumborum With Voluntary Trunk and Hip Tasks and Different Spinal Curvatures in Sitting. *J Orthop Sports Phys Ther*, 2013. 43: 74.

[40] Regev GJ. Psoas muscle architectural design, in vivo sarcomere length range, and passive tensile properties support its role as a lumbar spine stabilizer. *Spine*, 2011. 36: E1666.

[41] Hides JA. Psoas and quadratus lumborum muscle asymmetry among elite Australian football league players. *Br J Sports Med*, 2010. 44: 563.

[42] Perle JF. Electromyographic Activation Of Quadriceps In Single And Multi−joint Exercises. *Med Sci Sports Exerc*, 2017. 49 (5S): 192.

[43] Brusco CM. The effects of flexibility training on exercise induced muscle damage in young men with limited hamstrings flexibility. *Scand J Med Sci Sports*, 2018.

[44] Hegyi A. Region−dependent hamstrings activity in Nordic hamstring exercise and stiff−leg deadlift defined with high−density electromyography. *Scand J Med Sci Sports*, 2018. 28: 992.

[45] Bridgeman LA. Relationships between concentric and eccentric strength and countermovement jump performance in resistance trained men. *J Strength Cond Res*, 2018. 32: 255.

[46] Coratella G. Specific adaptations in performance and muscle architecture after weighted jump−squat vs. body mass squat jump training in recreational soccer players. *J Strength Cond Res*, 2018. 32: 921.

[47] Alonso−Fernandez D. Changes in muscle architecture of biceps femoris induced by eccentric strength training with nordic hamstring exercise. *Scand J Med Sci Sports*, 2018. 28: 88.

[48] Alt T. Velocity−specific and time−dependent adaptations following a standardized Nordic Hamstring Exercise training. *Scand J Med Sci Sports*, 2018. 28: 65.

[49] Coratella G. Greater fatigability in kneeflexors vs. knee−extensors after a standardized fatiguing protocol. *Eur J Sport Sci*, 2018.

[50] Coratella G. Running fatiguing protocol affects peak torque joint angle and peak torque differently in hamstrings vs. quadriceps. *Sport Sci Health*, 2018. 14: 193.

第2章　球类集体运动

[1] Morcelli MH. Hip muscles strength and activation in older fallers and non−fallers. *Am J Sports Med*, 2015. 43: 1316.

[2] Orchard JW. Men at higher risk of groin injuries in elite team sports: a systematic review. *Br J Sports Med*, 2015. 49: 798.

[3] Audenaert EA. Hip morphological characteristics and range of internal rotation in femoroacetabular impingement. *Am J Sports Med*, 2012. 40: 1329.

[4] Hafiz E. Do Anatomical Or Other Hip Characteristics Predispose To Lower Limb Musculoskeletal Injury A Systematic Review. *Med Sci Sports Exerc*, 2013. 45(suppl. 1): S5.

[5] Hanney W. Body weight adjusted hip strength ratios in the weight training population. *J Strength Cond Res*, 2014. 28: 71.

[6] Kemp JL. Greater understanding of normal hip physical function may guide clinicians in providing targeted rehabilitation programs. *J Sci Med Sport*, 2013. 16: 292.

[7] Mosler AB. Which factors differentiate athletes with hip/groin pain from those without A systematic review with meta−analysis. *Br J Sports Med*, 2015. 49: 810.

[8] Jensen J. Eccentric strengthening effect of hip-adductor training with elastic bands in soccer players: a randomised controlled trial. *Br J Sports Med*, 2014. 48: 332.

[9] Whittaker JL. Risk factors for groin injury in sport: an updated systematic review. *Br J Sports Med*, 2015. 49: 803.

[10] Hrysomallis C. Hip Adductors' Strength, Flexibility, and Injury Risk. *J Strength Cond Res*, 2009. 23: 1514.

[11] Piva SR. Strength around the hip and flexibility of soft tissues in individuals with and without patellofemoral pain syndrome. *J Orthop Sports Phys Ther*, 2005. 35: 793.

[12] Jeon HJ. Effectiveness Of Hip Abductor Strengthening On Patellofemoral Pain Syndrome Patients: A Meta-Analysis. *J Athl Train*, 2014. 49(suppl.) S-203.

[13] Dolak KL. Hip strengthening prior to functional exercises reduces pain sooner than quadriceps strengthening in females with patellofemoral pain syndrome: a randomized clinical trial. *J Orthop Sports Phys Ther*, 2011. 41: 560.

[14] DeJong A. Ultrasound Imaging Reveals Gluteal Muscle Changes During Gait in Healthy Individuals With Medial Knee Displacement. *J Athl Train*, 2018. 53(suppl.) S-258.

[15] Stearns KM. Improvements in Hip Muscle Performance Result in Increased Use of the Hip Extensors and Abductors During a Landing Task. *Am J Sports Med*, 2014. 42: 602.

[16] Powers CM. Hip Strength as a Predictor of Ankle Sprains in Male Soccer Players: A Prospective Study. *J Athl Train*, 2017. 52: 1048.

[17] Dix J. The relationship between hip muscle strength and dynamic knee valgus in asymptomatic females: A systematic review. *Phys Ther Sport*, 2018.

[18] Noriega-Guerra A. Muscle Chains Stretching Effect for Chronic Pubalgia in Athletes. *J Athl Train*, 2017. 52: 874.

[19] Dupré T. Does inside passing contribute to the high incidence of groin injuries in soccer A biomechanical analysis. *J Sports Sci*, 2018. 36.

[20] Evans KL. Reduced severity of lumbopelvic-hip injuries in professional Rugby Union players following tailored preventative programmes. *J Sports Sci Med*, 2018. 21: 274.

[21] Larruskain J. A comparison of injuries in elite male and female football players: A fiveseason prospective study. *Scand J Med Sci Sports*, 2017.

[22] Solomonow M. The synergistic action of the anterior cruciate ligament and thigh muscles in maintaining joint stability. *Am J Sports Med*, 1987. 15: 207.

第3章　高尔夫球和旋转运动

[1] Walsh BA. Golf-related injuries treated in United States emergency departments. *Am J Emerg Med*, 2017. 35: 1666.

[2] Harrison K. Low Back Pain in Recreational Golfers. *J Athl Train*, 2018. 53(suppl.): S-355.

[3] Vleeming A. The functional coupling of the deep abdominal and paraspinal muscles: the effects of simulated paraspinal muscle contraction on force transfer to the middle and posterior layer of the thoracolumbar fascia. *J Anat*, 2014. 225.

[4] Martuscello JM. Systematic review of core muscle activity during physical fitness exercises. *J Strength Cond Res*, 2013. 27: 1684.

[5] Lee CH. Features of Golf-Related Shoulder Pain in Korean Amateur Golfers. *Ann Rehabil Med*, 2017. 41: 394.

第4章　游泳和水上运动

[1] Antonio J. Bone Mineral Density in Competitive Athletes. *J Exerc Nutr*, 2018. 1.

[2] Timmons MK. Fatigue of the Lower Trapezius Produces Decreased Acromial Humeral Distance. *J Athl Train*, 2018. 53(suppl.): S-185.

[3] Gaudet S. Evolution of muscular fatigue in periscapular and rotator cuff muscles during isokinetic shoulder rotations. *J Sports Sci*, 2018. 36.

[4] Paulson G. The Effects of a Shoulder Streng-

thening Program on Scapular Positioning in Collegiate Swimmers. *J Athl Train*, 2018. 53(suppl.): S−180.

第5章　球拍类和投掷类运动

[1] Pexa BS. The Effects of Loading Parameters and Elbow Flexion Angle on Medial Elbow Joint Space. *J Athl Train*, 2018. 53(suppl.): S−182.

第6章　自行车和公路运动

[1] Sunde A. Maximal strength training improves cycling economy in competitive cyclists. *J Strength Cond Res*, 2010. 24: 2157.

[2] Yamamoto LM. The effects of resistance training on road cycling performance among highly trained cyclists: a systematic review. *J Strength Cond Res*, 2010. 24: 560.

[3] Trevino M. The effects of 10 weeks of continuous cycling on maximal aerobic capacity and motor unit behavior of the vastus lateralis. *J Strength Cond Res*, 2017. 31(suppl. 1): S2.

[4] Sterczala A. The effects of eight weeks of resis−tance training on motor unit behavior of the vastus lateralis. *J Strength Cond Res*, 2017. 31(suppl. 1): S3.

[5] Bini RR. Potential factors associated with knee pain in cyclists: a systematic review. *Open Access J Sports Med*, 2018. 9: 99.

[6] Sabo D. Bone quality in the lumbar spine in high−performance athletes. *Eur Spine J*, 1996. 5: 258.

[7] Mathis SL. Resistance training is associated with higher lumbar spine and hip bone mineral density in competitive male cyclists. *J Strength Cond Res*, 2018. 32: 274.

第7章　格斗运动

[1] Delavier F., Gundill M., *Musculation pour le fight et les sports de combat*, Éditions Vigot, 2012.

[2] Del Vecchio FB. Blessures dans les arts martiaux et les sports de combat: prévalence, caracté ristiques et mécanismes. Sci Sports, 2018. 33: 158.

[3] Çimen Polat S. Analysis of the Relationship between Elite Wrestlers' Leg Strength and Balance Performance, and Injury History. *Sports*, 2018. 6: 35.

第2部分

第8章　针对跑步运动的锻炼

[1] Oliver GD. Comparison of hamstring and gluteus muscles electromyographic activity while per−forming the razor curl vs. the traditional prone hamstring curl. *J Strength Cond Res*, 2009. 23: 2250.

[2] Möck S. Correlation of dynamic strength in the standing calf raise with sprinting performance in consecutive sections up to 30 meters. *Res Sports Med*, 2018.

[3] Geremia JM. Effects of high loading by eccentric triceps surae training on Achilles tendon pro−perties in humans. *Eur J Appl Physiol*, 2018. 118: 1725.

[4] Lee SSM. Built for speed: musculoskeletal stru−cture and sprinting ability. *J Exp Biol*, 2009. 212: 3700.

[5] Nedimyer AK. Foot Intrinsic Muscle Function and Activation, and Exercise Related Leg Pain in Runners. *J Athl Train*, 2018. 53(suppl.) S−149.

[6] Takashi S. Effect of the towel curl exercise on the medial longitudinal arch of the foot. *Phys Ther Sport*, 2017. 28: e15.

第9章　针对球类集体运动的锻炼

[1] Katis A. Bilateral Leg Differences in Soccer Kick Kinematics Following Exhaustive Running Fatigue. *Asian J Sports Med*, 2017. 8: e33680.

第10章　针对高尔夫球和旋转运动的锻炼

[1] Whyte EF. Effects of a dynamic core stability program on the biomechanics of cutting man−euvers: A randomized controlled trial. *Scand J*

Med Sci Sports, 2017.

[2] Gonzalez SL. Risk Factors of Low Back Pain in Female Collegiate Rowers. *J Athl Train*, 2017. 52(suppl.): S–31.

[3] Raabe ME. Biomechanical consequences of running with deep core muscle weakness. *J Biomech*, 2018.

[4] Lipinski CL. Surface electromyography of the forearm musculature during an overhead throwing rehabilitation progression program. *Phys Ther Sport*, 2018.

[5] Aboodarda SJ. Pain pressure threshold of a muscle tender spot increases following local and non–local rolling massage. *BMC Musculo-skelet Disord*, 2015. 16: 265.

[6] Cavanaugh MT. An acute session of roller massage prolongs voluntary torque development and diminishes evoked pain. *Eur J Appl Physiol*, 2017. 117: 109.

第14章 针对格斗运动的锻炼

[1] Fimland AV. Electromyographic Comparison Of Barbell Deadlift, Hex Bar Deadlift And Hip Thrust Exercises: A Cross–Over Study. *J Strength Cond Res*, 2017.

[2] Choe K. Comparing the back squat and deadlift. *J Strength Cond Res*, 2017. 31(suppl. 1): s13.

[3] Snyder B. Comparison of muscle activity during the olympic deadlift and a walk–in deadlift machine. *J Strength Cond Res*, 2014. 28.

[4] Swinton PA. A Biomechanical Analysis of Straight and Hexagonal Barbell Deadlifts Using Submaximal Loads. *J Strength Cond Res*, 2011. 25: 2000.

第3部分

第15章 准备锻炼

[1] Serra R. The Influence Weekly Resistance Training Frequency on Strength and Body Com-

position. *Int J Sports Sci*, 2018. 8: 19.

[2] Morán–Navarro R. Time course of recovery following resistance training leading or not to failure. *Eur J Appl Physiol*, 2017. 117: 2387.

第16章 力量训练或开始相关运动之前的热身计划

[1] Nickerson B. Effect of cluster set warm–up configurations on sprint performance in collegiate male soccer players. *Physiol Appl Nutr Métab*, 2018.

[2] Dello Iacono A. Loaded hip thrust–based PAP protocol effects on acceleration and sprint perfor-mance of handball players. *J Sports Sci*, 2107.

第17章 针对力量较弱部位的恢复计划

[1] Colston MA. Lumbar Multifidus Cross Sectional Area as a Possible Predictor of Injury Among College Football Players. *J Athl Train*, 2018. 53(suppl.): S–103.

[2] Joel Mason J. Ipsilateral corticomotor responses are confined to the homologous muscle following cross–education of muscular strength. *Physiol Appl Nutr Métab*, 2018. 43: 11.

[3] Del Bel MJ. A hierarchy in functional muscle roles at the knee is influenced by sex and anterior cruciate ligament deficiency. *Clin Biochem*, 2018. 57: 129.

[4] Omi Y. Effect of Hip–Focused Injury Prevention Training for Anterior Cruciate Ligament Injury Reduction in Female Basketball Players: A 12–Year Prospective Intervention Study. *Am J Sports Med*, 2018. 46: 852.

[5] Smith BI. Effects of Hip Strengthening on Neuromuscular Control, Hip Strength, and Self–Reported Functional Deficits in Individuals With Chronic Ankle Instability. *J Sport Rehab*, 2018. 27.

[6] Lee JWY. Eccentric hamstring strength deficit

and poor hamstring–to–quadriceps ratio are risk factors for hamstring strain injury in football: A prospective study of 146 professional players. *J Sports Sci Med*, 2018. 21.

[7] Lantto I. Epidemiology of Achilles tendon ruptures: Increasing incidence over a 33–year period. *Scand J Med Sci Sports*, 2015. 25: e133.

第18章 针对跑步运动的锻炼计划

[1] Mole JL. The effect of transversus abdominis activation on exercise–related transient abdominal pain. *J Sci Med Sport*, 2014. 17: 261.

第19章 针对球类集体运动的锻炼计划

[1] Collins J. Football nutrition: time for a new consensus. *BJSM*, 2017. 51: 1577.

[2] Inácio Salles J. Effect of specific exercise strategy on strength and proprioception in volleyball players with infraspinatus muscle atrophy. *Scand J Med Sci Sports*, 2018.

第20章 针对高尔夫球和旋转运动的锻炼计划

[1] Sheehan WB. Examination of the neuromechanical factors contributing to golf swing performance. *J Sports Sci*, 2018.

[2] Kaur Grover J. Prevalence of Shoulder Pain in Competitive Archery. *Asian J Sports Med*, 2017. 8: e40971.

第21章 针对游泳和水上运动的锻炼计划

[1] Kojima T. Lumbar intervertebral disc degeneration in professional surfers. *Sports Orthop Traumato*, 2018.

[2] Furness J. Profiling Shoulder Strength in Competitive Surfers. *Sports*, 2018. 6: 52.

第22章 针对球拍类和投掷类运动的锻炼计划

[1] Lamborn LC. Trunk Performance in Players With Superior and Poor Serve Mechanics. *J Athl Train*, 2016. 51(suppl): S–80.

[2] Gescheit DT. A multi–year injury epidemiology analysis of an elite national junior tennis program. *J Sports Sci Med*, 2018.

[3] Nodehi–Moghadam A. A Comparative Study on Shoulder Rotational Strength, Range of Motion and Proprioception between the Throwing Athletes and Non–athletic Persons. *Asian J Sports Med*, 2013. 4: 34.

第25章 针对冬季运动和山地运动的锻炼计划

[1] Pellegrini B. Cross–country skiing movement factorization to explore relationships between skiing economy and athletes' skills. *Scand J Med Sci Sports*, 2017.

第26章 训练后的恢复计划

[1] Fukano M. Foot posture alteration and recovery following a full marathon run. *Eur J Sport Science*, 2018.

[2] Souza–Silva E. Blood flow after contraction and cuff occlusion is reduced in subjects with muscle soreness after eccentric exercise. *Scand J Med Sci in Sports*, 2018.

审校者简介、敬告和致谢

审校者简介

张建，助理研究员，河北师范大学体育硕士，备战2016里约奥运会身体功能训练团队中方体能执行教练，主要负责备战里约奥运会期间中国自行车队场地短距国家队的体能测评与训练指导服务，期间还参与了中国皮划艇队、中国排球队、中国举重队等多个项目的体能训练与指导工作。目前，服务于中国田径投掷队，主要负责备战东京奥运会期间的体能训练工作。长期参与河北省体育科学研究所的青少年运动员选材与研究工作，在国内多家期刊和国内外会议发表运动科学相关论文十余篇；主要研究方向：运动训练、体能训练。

敬告

本书中的建议和信息均属于作者的研究成果。它们的准确性和可靠性已经得到证实，但无论如何都不能取代经验丰富的医生的建议。读者应对自己如何使用书中信息负责，如有疑问或持续不适，应当咨询专业医学人士。对于因使用本书而导致的潜在损害，作者和出版社不承担任何责任。

雅恩

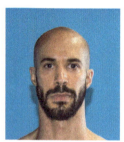
加利尔

阿克塞尔·苏撒·潘托利

马克西姆·米克尔

致谢

感谢我们的模特雅恩、加利尔、阿克塞尔·苏撒·潘托利和马克西姆·米克尔，他们都是我们以前出版的著作的读者。